——不忘初心 继续前进

新华网"学习进行时"工作室 编

新 华 出 版 社

## 图书在版编目（CIP）数据

学习进行时：不忘初心　继续前进 / 新华网"学习进行时"工作室编. —北京：新华出版社，2017.1（2025.3重印）

ISBN 978-7-5166-3059-4

Ⅰ. ①学… Ⅱ. ①新… Ⅲ. ①中国共产党—党员—思想政治教育—学习参考资料 Ⅳ. ①D261.42

中国版本图书馆CIP数据核字（2016）第325992号

## 学习进行时：不忘初心　继续前进

| | | | |
|---|---|---|---|
| 编　　者： | 新华网"学习进行时"工作室 | | |
| 选题策划： | 许　新 | 责任编辑： | 赵怀志　沈文娟 |
| 责任校对： | 刘保利 | 责任印制： | 廖成华 |
| 装帧设计： | 李尘工作室 | | |

出版发行：新华出版社
地　　址：北京市石景山区京原路8号　　邮　　编：100040
网　　址：http://www.xinhuapub.com
经　　销：新华书店
　　　　　新华出版社天猫旗舰店、京东旗舰店及各大网店
购书热线：010-63077122　　中国新闻书店购书热线：010-63072012

照　　排：李尘工作室
印　　刷：大厂回族自治县众邦印务有限公司

成品尺寸：145mm×210mm
印　　张：5　　　　　　　　　　　　字　　数：73千字
版　　次：2017年4月第一版　　　　　印　　次：2025年3月第三次印刷
书　　号：ISBN 978-7-5166-3059-4
定　　价：32.00元

图书如有印装问题，请与出版社联系调换：010-63077101

# 编委会

出品人：田舒斌

总策划：汪金福

主　编：周红军

副主编：肖　阳　马轶群

顾　问：唐小可　陈卫平

编　辑：黄　玥　王子晖　赵银平

　　　　陈俊松　李洁琼　金佳绪

# 目录 | contents

## 篇一

为什么出发——习近平之问 / 15

文化自信——习近平提出的时代课题 / 25

生命线、幸福线——习近平的路线观 / 35

关键抉择——习近平的"改革观" / 41

清除"最大威胁"——习近平论反腐 / 49

立规与问责——习近平从严治党"利器" / 57

功以才成,业由才广——习近平的"人才观" / 65

命运共同体——习近平"和"的境界 / 73

总书记的告诫:不能忘记为什么出发 / 81

# contents | 目 录

**篇二**

有一种精神,习近平反复强调 / 99

长征精神,习近平最重视什么? / 105

走好新的长征路,习近平为何强调必须全面从严治党 / 115

理解"不忘初心、继续前进"要读懂三段话

 李君如访谈摘要 / 123

什么是中国共产党人的"初心"?

 谢春涛访谈摘要 / 139

# 篇一

# 习近平

## "七一"讲话
### 都有哪些干货

在庆祝中国共产党成立95周年大会上,习近平总书记发表了重要讲话。

全面回顾了我们党95年来所走过的波澜壮阔历史进程和做出的伟大历史贡献,深刻阐述了面向未来、面对挑战党的治国理政道路。

回答了党为什么出发、到哪里去、如何走的重大问题,代表党作出庄严承诺。

一句核心词语

不忘初心 继续前进

# 三大
## 历史贡献

**1** 这个伟大历史贡献,就是我们党团结带领中国人民进行28年浴血奋战,打败日本帝国主义,推翻国民党反动统治,完成新民主主义革命,建立了中华人民共和国。

**2** 这个伟大历史贡献,就是我们党团结带领中国人民完成社会主义革命,确立社会主义基本制度,消灭一切剥削制度,推进了社会主义建设。

**3** 这个伟大历史贡献,就是我们党团结带领中国人民进行改革开放新的伟大革命,极大激发广大人民群众的创造性,极大解放和发展社会生产力,极大增强社会发展活力,人民生活显著改善,综合国力显著增强,国际地位显著提高。

# 三大历史启示

## 1 历史告诉我们

没有先进理论的指导，没有用先进理论武装起来的先进政党的领导，没有先进政党顺应历史潮流、勇担历史重任、敢于作出巨大牺牲，中国人民就无法打败压在自己头上的各种反动派，中华民族就无法改变被压迫、被奴役的命运，我们的国家就无法团结统一、在社会主义道路上走向繁荣富强。

## 2 历史告诉我们

95年来,中国走过的历程,中国人民和中华民族走过的历程,是中国共产党和中国人民用鲜血、汗水、泪水写就的,充满着苦难和辉煌、曲折和胜利、付出和收获,这是中华民族发展史上不能忘却、不容否定的壮丽篇章,也是中国人民和中华民族继往开来、奋勇前进的现实基础。

## 3 历史告诉我们

历史和人民选择中国共产党领导中华民族伟大复兴的事业是正确的,必须长期坚持、永不动摇;中国共产党领导中国人民开辟的中国特色社会主义道路是正确的,必须长期坚持、永不动摇;中国共产党和中国人民扎根中国大地、吸纳人类文明优秀成果、独立自主实现国家发展的战略是正确的,必须长期坚持、永不动摇。

# 八个
## 坚持、继续

### 坚持不忘初心、继续前进，就要

- 坚持马克思主义的指导地位，
- 坚持把马克思主义基本原理同当代中国实际和时代特点紧密结合起来，
- 推进理论创新、实践创新，不断把马克思主义中国化推向前进。

### 坚持不忘初心、继续前进，就要

- 牢记我们党从成立起就把为共产主义、社会主义而奋斗确定为自己的纲领，
- 坚定共产主义远大理想和中国特色社会主义共同理想，
- 不断把为崇高理想奋斗的伟大实践推向前进。

### 坚持不忘初心、继续前进，就要

- 坚持中国特色社会主义道路自信、理论自信、制度自信、文化自信，
- 坚持党的基本路线不动摇，
- 不断把中国特色社会主义伟大事业推向前进。

---

### 坚持不忘初心、继续前进，就要

- 统筹推进"五位一体"总体布局，
- 协调推进"四个全面"战略布局，
- 全力推进全面建成小康社会进程，
- 不断把实现"两个一百年"奋斗目标推向前进。

# 八个
## 坚持、继续

### ❺
### 坚持不忘初心、继续前进,就要

- 坚定不移高举改革开放旗帜,
- 勇于全面深化改革,
- 进一步解放思想、解放和发展社会生产力、解放和增强社会活力,
- 不断把改革开放推向前进。

### ❻
### 坚持不忘初心、继续前进,就要

- 坚信党的根基在人民、党的力量在人民,
- 坚持一切为了人民、一切依靠人民,
- 充分发挥广大人民群众积极性、主动性、创造性,
- 不断把为人民造福事业推向前进。

## 7

### 坚持不忘初心、继续前进,就要

- 始终不渝走和平发展道路,
- 始终不渝奉行互利共赢的开放战略,
- 加强同各国的友好往来,同各国人民一道,不断把人类和平与发展的崇高事业推向前进。

## 8

### 坚持不忘初心、继续前进,就要

- 保持党的先进性和纯洁性,
- 着力提高执政能力和领导水平,
- 着力增强抵御风险和拒腐防变能力,
- 不断把党的建设新的伟大工程推向前进。

# 为什么出发
## ——习近平之问

**学习进行时**

习近平总书记在庆祝中国共产党成立95周年大会上的重要讲话中告诫全党:一切向前走,都不能忘记走过的路;走得再远、走到再光辉的未来,也不能忘记走过的过去,不能忘记为什么出发。

"明镜所以照形,古事所以知今",为什么根本扭转中华民族命运的是共产党?党"走过的路"是一条什么样的路?党为什么出发?"七一"重要讲话中的习近平之问,穿越95年时空,是对党的本源之问、历史之问,是党将往哪里去、怎么走的现实之问、未来之问。有了这一问,才有了"不忘初心"的反复警醒、"赶考远未结束"的谆谆告诫,才有了三个"必须长期坚持、永不动摇"的历史性回答。

## 习近平之问是本源之问

百年前的沉沉暗夜,多少仁人志士在探求救国之路、强国之道。然而为什么取得伟大成功的只有南湖红船上那十几位"书生"创建的中国共产党?

95年的惊涛骇浪、95年的光辉历程告诉世界:因为她一开始就把"人民"写在了自己的旗帜上!

一切为了人民,是中国共产党出发的原点,是立党的"初心"。

中央党史研究室主任曲青山说:"我们党是中国

工人阶级的先锋队,同时是中国人民和中华民族的先锋队。从成立之日起,我们党就始终坚持立党为公,除了人民利益,没有自己的特殊利益。我们党正是为了实现好、维护好、发展好最广大人民的根本利益而出发的。"

翻开《中国共产党章程》,"全心全意为人民服务"作为立党宗旨,占据着最高的地位。正如毛泽东所说,共产党和党领导的队伍"完全是为着解放人民的,是彻底地为人民的利益工作的"。

"风雨同舟、生死与共",习近平用这八个字高度概括了党和人民的命运联系。在团结带领人民艰苦奋斗的历程中,人民立场是中国共产党的根本政治立场,习近平强调,这"是马克思主义政党区别于其他政党的显著标志"。

### 习近平之问是历史之问

观历史,党"完成新民主主义革命,建立了中华人民共和国","完成社会主义革命,确立社会主义基本制度"、"进行改革开放新的伟大革命"。习近平在讲话中历史性地概括总结了中国共产党为中华民族作出的三个伟大历史贡献。曲青山说,这是"用全新的视角,对我们党95年的奋斗历程进行了新的审视,以为中华民族作出'伟大历史贡献'为线索,对我们党在新民主主义革命时期、社会主义革命和建设时期、改革开放和社会主义现代化建设新时期所做的三件大事进行了新的阐述、新的概括,并第一次用实现了三个'伟大飞跃'这样的表述作出高度评价。"

"中国从几千年封建专制政治向人民民主的伟大飞跃","中华民族由不断衰落到根本扭转命运、持续走向繁荣富强的伟大飞跃","中国人民从站起来到富起来、强起来的伟大飞跃"。

三个"伟大贡献",无不是党团结带领人民而作出的;三个"伟大飞跃",主语无不是人民、民族。

这是对历史之问的铿锵回答。

党能战斗、能牺牲,源于对人民和民族的赤子之心;党有力量、能胜利,源于民心所系、民望所归。人民,是党的魂魄。

## 习近平之问是时代之问

看现实,从党的群众路线教育实践活动到"领导干部通过网络走群众路线";从"五位一体"、"四个全面"到创新、协调、绿色、开放、共享的发展理念,一切为了人民之"初心"始终伴随着党团结带领人民"继续前进"。

这也是对时代之问的回答。

历史与现实,既是传承关系,亦是辩证关系。中央党校原副校长李君如说:"历史是最好的教科书,是最好的营养剂,也是最好的清醒剂。通过历史学习可以知道我们党是怎么走过来的;通过历史学习可以知道我们党有哪些基本经验;通过历史学习可以知道我们经历了哪些苦难,有哪些教训。"

习近平的讲话,以宏阔的历史视野审视历史的运动,把95年奋斗取得的宝贵经验和重要启示,概括为三个"历史告诉我们"。他特别强调的三个"必须长期坚持、永不动摇",从根本上来说就是为人民出发的信念和事业。

"人民是历史的创造者,是真正的英雄。"谁从人民利益出发,人民就会选择谁。"得众则得国,失众则失国",习近平深刻阐释了这个被中国历史反复证明的铁律,所以"利民之事,丝发必兴;厉民之事,毫末必去"。

国防大学马克思主义研究所研究员颜晓峰说,人民是党的根基所依。共产党是人民群众的政党,离开了这个根基,党就成为无根无基的党,或者就不再是人民群众的党。人民是党的力量所在。如果没有人民群众拥护和支持革命,我们党和军队就不能从小到大、从弱到强。人民是党的命运所系。政党的生命很大程度上取决于支持者、支持率、支持度。

纵观习近平系列讲话,始终高度重视人民的地位和力量:

"人民群众是我们力量的源泉。"

"民心是最大的政治,正义是最强的力量。"

"人民对美好生活的向往,就是我们的奋斗目标。"

"必须坚持人民主体地位和党的领导的统一,紧紧依靠人民推进改革开放。"

"实现中国梦必须凝聚中国力量。这就是中国各族人民大团结的力量。"……

这次讲话,习近平进一步要求,把人民拥护不拥护、赞成不赞成、高兴不高兴、答应不答应作为衡量一切工作得失的根本标准。面对错综复杂的国际形势,面对经济下行的巨大压力,习近平强调要保持"四个自信",强调"不忘初心、继续前进",其核心就是"人民"二字。

## 习近平之问是未来之问

"历史从不等待一切犹豫者、观望者、懈怠者、软弱者。只有与历史同步伐、与时代共命运的人,才能赢得光明的未来。"面向未来,面对挑战,习近平提了八方面的要求。

这既是对我们党95年的光辉历程进行的科学总结,又是面向未来、面对挑战、推进党的伟大事业必须牢牢

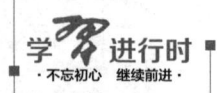

把握的工作要求。曲青山说，八个方面的要求，"是一个不可分割的完整的有机的整体，它们相互联系，相互作用，相互影响，贯穿其中的正是建党时中国共产党人葆有的那种奋斗精神，我们党对人民始终怀有的那颗赤子之心。"

真理从来都是朴素的，而朴素的真理也往往容易被纷繁的表象所掩盖。95年来，党走过的道路有起伏、有曲折，其间有人动摇了，有人堕落了。究其根本原因，就是忘记了"初心"，或"初心"受到污染，掺进了杂质。为此，党的十八大提出"四大考验"和"四种危险"。

习近平用"不忘初心"贯穿和引领八个方面的"继续前进"，不仅是强烈的忧患意识和责任意识的体现，也是党的十八大以来治国理政新理念新思想新战略的根本出发点和落脚点，即以人民为中心的发展思想。

"赶考"是新中国成立前夕，党提出的极具前瞻性、极具战略性的课题。习近平说："60多年的实践证明，我们党在这场历史性考试中取得了优异成绩。同时，这场考试还没有结束，还在继续。"

正因为如此，习近平在讲话中引人注目地再次提到党的基本路线："邓小平同志曾经语重心长地说：'基本路线要管一百年，动摇不得。只有坚持这条路线，人民才会相信你，拥护你。谁要改变三中全会以来的路线、方针、政策，老百姓不答应，谁就会被打倒。'"他严肃地指出："党的基本路线是国家的生命线、人民的幸福线，我们要坚持把以经济建设为中心作为兴国之要、把四项基本原则作为立国之本、把改革开放作为强国之路，不能有丝毫动摇。"

民心所向，就是党心所在，党始终忠于人民。这是对未来之问的响亮回答。

习近平之问，穿越95年时空，延伸至未来的漫漫征途。答案非常明确：我们党要在新的历史起点上把握自己、把握时代，要跳出"其兴也勃焉，其亡也忽焉"的历史周期律，就必须永远"不忘初心"，永远牢记"江山就是人民，人民就是江山"！

（新华网记者　王子晖）

2016年8月3日

# 文化自信
## ——习近平提出的时代课题

**学习进行时**

在建党95周年庆祝大会的重要讲话中,习近平指出"文化自信,是更基础、更广泛、更深厚的自信"。文化自信成为继道路自信、理论自信和制度自信之后,中国特色社会主义的"第四个自信"。

习近平指出:"我们要坚持道路自信、理论自信、制度自信,最根本的还有一个文化自信。"那么,何谓文化自信?文化自信是一个民族、一个国家以及一个政党对自身文化价值的充分肯定和积极践行,并对其文化的生命力持有的坚定信心。

## 习近平为何重视"文化自信"

党的十八大以来,习近平曾在多个场合提到文化自信,传递出他的文化理念和文化观。在2014年2月24日的中央政治局第十三次集体学习中,习近平提出要"增强文化自信和价值观自信"。之后的两年间,习近平又对此有过多次论述:"增强文化自觉和文化自信,是坚定道路自信、理论自信、制度自信的题中应有之义。""中国有坚定的道路自信、理论自信、制度自信,其本质是建立在5000多年文明传承基础上的文化自信。"2016年5月和6月,习近平又连续两次对"文化自信"加以强调,指出"我们要坚定中国特色社会主义道路自信、理论自信、制度自信,说到底是要坚持文化自信";要引导党员特别是领导干部"坚定中国特色社会主义道路自信、理论自信、制度自信、文化自信"。

在庆祝中国共产党成立95周年大会的讲话中,习近平对文化自信特别加以阐释,指出"文化自信,是更基础、更广泛、更深厚的自信"。其语境更为庄严,观点更为鲜明,态度更为坚决,传递出这既是文化理念又是指导思想。文化自信于是成为继道路自信、理论自信和制度自信之后,中国特色社会主义的"第四个自信"。

为什么我们在"三个自信"之外还需要"文化自信"？为何习近平如此重视文化的作用？对此习近平早已给出了答案。

因为"文明特别是思想文化是一个国家、一个民族的灵魂。无论哪一个国家、哪一个民族,如果不珍惜自己的思想文化,丢掉了思想文化这个灵魂,这个国家、这个民族是立不起来的";因为中国优秀传统文化,"可以为治国理政提供有益启示,也可以为道德建设提供有益启发","我国今天的国家治理体系,是在我国历史传承、文化传统、经济社会发展的基础上长期发展、渐进改进、内生性演化的结果";更因为"只有坚

持从历史走向未来,从延续民族文化血脉中开拓前进,我们才能做好今天的事业","没有文明的继承和发展,没有文化的弘扬和繁荣,就没有中国梦的实现"。

## "文化自信"的底气何在

"文化自信"只是一句口号、一个理论名词么?不是,我们提倡的"文化自信"有其深厚根基,是可以真正践行的。因为,我们有优秀传统文化的底蕴,也有在中国革命、建设、改革的伟大实践过程中孕育的革命文化和社会主义先进文化。这种在优秀传统文化基础上的继承和发展,夯实了我们文化建设的根基,奠定了我们文化自信的强大底气。

我们有博大精深的优秀传统文化。它能"增强做中国人的骨气和底气",是我们最深厚的文化软实力,是我们文化发展的母体,积淀着中华民族最深沉的精神追求。诸如"自强不息"的奋斗精神,"精忠报国"的爱国情怀,"天下兴亡,匹夫有责"的担当意识,"舍生取义"的牺牲精神,"革故鼎新"的创新思想,"扶危济困"的公德意识，"国而忘家，公而忘私"的价值理念等，一直是中华民族奋发进取的精神动力。此外，"天人合一"、"天下为公"的社会理想，"以人为本"、"民惟邦本"的治国理念，"载舟覆舟"、"居安思危"的忧患意识，"止戈为武"、"协和万邦"的和平思想，"与人为善"、"己所不欲，勿施于人"的处世之道，"儒法并用"、"德刑相辅"的治理思想，"以和为贵"、"和而不同"的东方智慧，一直是中华民族治国理政的思想渊源。甚至，我们正努力建设的小康社会的"小康"这个概念，也是出自《礼记·礼运》，是中华民族自古以来追求的理想社会状态。

  这些千百年传承的理念，已浸润于每个国人心中，成为日用而不觉的价值观，构成中国人的独特精神世界。正如习近平所说，中国传统思想文化"体现着中华民族世世代代在生产生活中形成和传承的世界观、人生观、价值观、审美观等，其中最核心的内容已经成为中华民族最基本的文化基因。这些最基本的文化基因，是中华民族和中国人民在修齐治平、尊时守位、知常达变、开物成务、建功立业过程中逐渐形成的有别于其他民族的独特标识"。

我们有鲜明独特、奋发向上的革命文化。从井冈山精神、长征精神、延安精神、西柏坡精神，到雷锋精神、大庆精神、两弹一星精神，再到航天精神、北京奥运精神、抗震救灾精神，这些富有时代特征、民族特色的宝贵财富，脱胎于中华民族优秀文化传统，同时又在新形势下不断进行着再生再造、凝聚升华，从而为我们在新的历史条件下推进文化建设奠定了坚实基础。

我们还有承前启后、继往开来的社会主义先进文化。它是对中华民族优秀传统文化和红色革命文化的继承和发展，是运用马克思主义为指导所进行的文化创造。社会主义先进文化的明显特征是中国特色社会主义的共同理想、以爱国主义为核心的民族精神和以改革创新为核心的时代精神，以及社会主义荣辱观。在短短几十年的社会主义实践中，我们创造了中国道路、中国模式、中国奇迹，这已充分说明社会主义先进文化是一种有生命力的文化，是一种体现人类文明发展进步方向的文化。

我们的文化自信，不仅来自文化的积淀、传承与创新、发展，更来自当今中国特色社会主义的蓬勃生机，来自实现中国梦的光明前景。改革开放30多年来，我们创造了举世瞩目的成就。国家兴旺，文化必然兴盛，特别是党的十八大以来，我们党把建设社会主义文化强国摆到更加突出的位置，中华文化正迎来一个繁荣发展的黄金期。

文化的优秀、国家的强大、人民的力量，就是我们文化自信的强大底气，文化自信的水之源木之本。正如习近平所说："站立在960万平方公里的广袤土地上，吸吮着中华民族漫长奋斗积累的文化养分，拥有13亿中国人民聚合的磅礴之力，我们走自己的路，具有无比广阔的舞台，具有无比深厚的历史底蕴，具有无比强大的前进定力。中国人民应该有这个信心，每一个中国人都应该有这个信心。"的确，我们没有理由不自信！

## 提高文化软实力事关国运

中国虽然有强大的文化根基和强劲的文化发展势头，但事实不容忽视，那就是中国目前还只是一个文化大国而不是一个文化强国，我们文化软实力的表现与物质硬实力的日益强大并不相称。

如何提高文化软实力？践行文化自信，让中华文化走向世界。习近平指出，"提高国家文化软实力，要努力展示中华文化独特魅力"，要"把跨越时空、超越国度、富有永恒魅力、具有当代价值的文化精神弘扬起来，把继承传统优秀文化又弘扬时代精神、立足本国又面向世界的当代中国文化创新成果传播出去"。他还指出："要以理服人，以文服人，以德服人，提高对外文化交流水平，完善人文交流机制，创新人文交流方式，综合运用大众传播、群体传播、人际传播等多种方式展示中华文化魅力。"

至今已开办十年有余的孔子学院，便是我们推行文化走出去的良好实践。据报道，截至2015年12月1日，中国已在134个国家和地区建立了500所孔子学院、1000个中小学孔子课堂，学员总数达190万人。我们有理由相信，中华文化之花，已借孔子学院及其他诸多实践之力，开遍世界。

文以化人、文以载道，让中华民族的文化理念走出国门，让文化自身说话，使其成为不同语种、不同地域、不同国家和平交流沟通的媒介。在展现中华文化风采的同时，更重要的是呈现中国和平发展、和平崛起的理念，阐明"中华民族的血液中没有侵略他人、称霸世界的基因，中国人民不接受'国强必霸'的逻辑，愿意同世界各国人民和睦相处、和谐发展，共谋和平、共护和平、共享和平"，从而为中国的发展营造良好的国际氛围。

"提高国家文化软实力，关系'两个一百年'奋斗目标和中华民族伟大复兴中国梦的实现"。一个国家如果硬实力不行，可能一打就败；而如果软实力不行，可能不打自败。践行文化自信，提高文化软实力，事关全局，刻不容缓。

"欲人勿疑，必先自信"。只有对自己的文化有坚定的信心，才能获得坚持坚守的从容，鼓起奋发进取的勇气，焕发创新创造的活力。文化立世，文化兴邦。坚定文化自信，大力推动中国文化走出去，为中国经济、外交和安全影响力的扩展提供更加有效的软保护、构筑更有利的软环境，为我们的强国自信提供更基本更深沉更持久的力量，是我们必须重视的时代课题。

（新华网记者　赵银平）

2016年8月5日

# 生命线、幸福线

## ——习近平的路线观

**学习进行时**

"基本路线要管一百年,动摇不得。"邓小平著名的"南方谈话"中的这句话,在庆祝建党95周年大会上,再次出现在习近平的重要讲话中。

在习近平眼中,党的基本路线是"国家的生命线、人民的幸福线"。

基本路线的完整表述是"党在社会主义初级阶段的基本路线"。

其内容为:"领导和团结全国各族人民,以经济建设为中心,坚持四项基本原则,坚持改革开放,自力更生,艰苦创业,为把我国建设成为富强、民主、文明的社会主义现代化国家而奋斗。"

核心是"一个中心、两个基本点"。

2012年11月,刚刚就任总书记的习近平就在十八届中央政治局第一次集体学习时指出,我们在实践中要始终坚持"一个中心、两个基本点"不动摇,既不偏离"一个中心",也不偏废"两个基本点"。

今年4月,习近平到大包干发源地安徽小岗村考察时指出:"今天在这里重温改革,就是要坚持党的基本路线一百年不动摇,改革开放不停步,续写新的篇章。"

## 基本路线是生命线、幸福线

在很多"80后"年轻人的经历中,"一个中心、两个基本点"是初高中政治课本反复提及的学习重点,是国考公考的考题热点。它镌刻着一个国家发展、时代变迁的印记，伴随着一代人成长。

两个"基本点"服务于"经济建设"这个中心，彼此依赖，不可分割。

离开经济建设这个中心，社会主义的发展和进步，就会沦为一句空话；离开四项基本原则和改革开放，经济建设就会迷失方向、失去动力。

因为有了这条基本路线，中国迅速摆脱落后，进入高速发展快车道。

改革开放30多年，中国经济年均增速近10%，成为全球第二大经济体；7亿多人口摆脱贫困，人均国内生产总值超过7000美元，实现了由贫穷到温饱，由温饱到总体小康的历史性跨越。

中国用几十年时间走完了发达国家几百年才走过的发展历程。

因此，习近平说：党的基本路线是国家的生命线、人民的幸福线。

因此，基本路线载入了宪法，写进了党章。

## 基本路线为何"要管一百年"?

在庆祝建党95周年大会上,习近平明确对坚持党的基本路线提出"长期坚持、永不动摇"的要求:

"坚持不忘初心、继续前进,要坚持党的基本路线不动摇,不断把中国特色社会主义伟大事业推向前进。"

"长期坚持""永不动摇"的要求,不仅是对"初心"、历史的继承,也为"继续前进"指明了路向。

为什么要坚持党的基本路线不动摇?

习近平指出,社会主义初级阶段是当代中国的最大国情、最大实际。

这个国情和实际在于,虽然中国已取得巨大发展成就,但与发达国家相比,还存在不小差距:

中国2015年人均GDP为50251元,约是美国的七分之一,日本的四分之一。2011年中国各类高等教育总规模达到3100多万人,位居世界第一,高等教育毛入学率达到26.9%,但欧洲和北美国家在10年前的高等教育毛入学率就已达66%左右……

差距让人更清醒。

立足于国情和实际、难题和挑战，习近平为改革发展提出一系列科学理论和实践部署，从"五位一体"总体布局到"四个全面"战略布局、"五大发展"新理念，无一不是遵循党的基本路线，并创新性地丰富了其内涵和外延。

在庆祝建党95周年大会上，习近平引用邓小平原话："基本路线要管一百年，动摇不得。只有坚持这条路线，人民才会相信你，拥护你。谁要改变三中全会以来的路线、方针、政策，老百姓不答应，谁就会被打倒。"

习近平接着强调："党的基本路线是国家的生命线、人民的幸福线，我们要坚持把以经济建设为中心作为兴国之要、把四项基本原则作为立国之本、把改革开放作为强国之路，不能有丝毫动摇。"

能够持续造福人民的发展道路最有生命力。

（新华网记者　黄玥）

2016年8月8日

# 关键抉择

## ——习近平的"改革观"

**学习进行时**

改革开放有多重要?习近平在庆祝建党95周年大会上的讲话中如此回答:"改革开放是当代中国最鲜明的特色,是我们党在新的历史时期最鲜明的旗帜。改革开放是决定当代中国命运的关键抉择,是党和人民事业大踏步赶上时代的重要法宝。"

穷则变,变则通,通则久。

回望过去30余年波澜壮阔的征程,从小岗村"红手印",到深圳蛇口"试验田",再到"南海边写下的诗篇",改革开放不断突破思想和体制束缚,创造了经济社会发展的"中国速度"。

正是因为这场全方位变革,中华民族的命运被深刻改写,中国"彻底摆脱被开除球籍的危险,创造了人类社会发展史上惊天动地的发展奇迹"。

但在习近平心中,改革开放决不是到了可以躺在功劳簿上的时候,要做到"不忘初心",就必须"坚定不移高举改革开放旗帜"。

## 为什么说改革开放只有进行时?

今年4月,习近平到大包干发源地安徽小岗村考察时指出:"今天在这里重温改革,就是要坚持党的基本路线一百年不动摇,改革开放不停步,续写新的篇章。"

三年多之前,习近平担任总书记后的第一次国内调研去了被称为"改革开放前沿"的广东,"就是要到在我国改革开放中得风气之先的地方,现场回顾我国改革开放的历史进程,将改革开放继续推向前进"。

此后,在多次调研和会议讲话中,他都一遍遍叮嘱、一次次强调改革开放的重要地位。

习近平多次指出,"改革开放只有进行时没有完成时"。

## 为什么只有进行时?

因为改革开放不可能一蹴而就、一劳永逸,在认识和改造世界的过程中,旧的问题解决,新的问题又会产生。习近平深刻指出:"改革开放中的矛盾只能用改革开放的办法来解决。""改革是由问题倒逼而产生,又在不断解决问题中而深化。"

因为改革开放是中国共产党不断摸索出来的正确道路。要坚定中国特色社会主义道路自信、理论自信、制度自信、文化自信,就必须坚持改革开放这一"重要法宝"。

因为改革开放"是决定当代中国命运的关键一招,

也是决定实现'两个一百年'奋斗目标、实现中华民族伟大复兴的关键一招",用好这"关键一招",改革开放的"含金量"才够高,才能精准对接发展所需、基层所盼、民心所向。

理解了重要性,就不难理解习近平为何要到改革发源地重温改革历程,也就不难理解习近平在西雅图的铿锵话语:"中国开放的大门永远不会关上。"

## "深水区"里如何"逆水行舟"?

当前,改革已经进入攻坚期和"深水区",每进一步,困难就加十分。

但习近平深知逆水行舟,不进则退。他说,要"敢于涉深水区、啃硬骨头";他还说,要"敢于向积存多年的顽瘴痼疾开刀,敢于触及深层次利益关系和矛盾,坚决冲破思想观念束缚,坚决破除利益固化藩篱,坚决清除妨碍社会生产力发展的体制机制障碍"。

如何部署和落实?

过去三年多,以习近平同志为总书记的党中央作出一系列顶层设计，用猛药治沉疴，显示出改革的系统性、整体性和协同性。

2013年在湖北省调研期间，习近平提出要把握全面深化改革的重大关系，处理好解放思想和实事求是的关系、整体推进和重点突破的关系、顶层设计和摸着石头过河的关系、胆子要大和步子要稳的关系、改革发展稳定的关系。

五个"重大关系"高度清晰地阐述了改革的指导思想。

指导思想落到实处，就是要精准发力扭住"牛鼻子"。习近平在深改小组第十次会议上强调，要突出重点，对准焦距，找准穴位，击中要害，推出一批能叫得响、立得住、群众认可的硬招实招。

在这次会议上，习近平还强调，要处理好改革"最先一公里"和"最后一公里"的关系，突破"中梗阻"，防止不作为。

事实上，让改革不打滑、不空转，习近平一直极为重视。他在深改小组会议中反复"督察"，不断部署完善督察体系，要求改革推进到哪里、督察就跟进

到哪里。

在最近的深改小组第二十六次会议中,习近平提出了改革的"三督三察",既要督任务、督进度、督成效,也要察认识、察责任、察作风,确保党中央确定的改革任务不落空。

惟其艰难,才更显勇毅;惟其笃行,才弥足珍贵。

十八届三中全会提出的330多项改革措施,领域之全、力度之大无不让人感受到顶层设计者的决心。习近平针对多项改革做出了周密部署,如同手术刀一般,精确对准问题核心。三年多来,顶层设计和监督机制双向发力,一批批群众满意的改革落地,一根根难啃的"骨头"被啃了下来。

### 大国的责任与担当是什么?

习近平说:"中国对外开放,不是要一家唱独角戏,而是要欢迎各方共同参与;不是要谋求势力范围,而是要支持各国共同发展;不是要营造自己的后花园,而是要建设各国共享的百花园。"

## 篇一

中国的发展是改革与开放并举,奉行的是互利共赢的开放战略。习近平说,中国发展得益于国际社会,愿意以自己的发展为国际发展作出贡献,"为人类不断作出新的更大的贡献,是中国共产党和中国人民早就作出的庄严承诺"。

字里行间,大国的使命和担当跃然而出。

30余年,时移世易,中国已是世界第二大经济体,资金、市场、技术、人力,乃至经济治理和国家治理方式,都对世界释放出更多红利。

"要以我国发展为契机,让更多国家搭上我国发展快车,帮助他们实现发展目标。"中共中央政治局第三十一次集体学习时,习近平如此强调。

让他国搭上"快车",离不开"创造更全面、更深入、更多元的对外开放格局",离不开解决发展的内外联动问题。

如何联动?

"各国经济,相通则共进,相闭则各退。"习近平一语道破世界经济发展规律。

由此我们可以看到,习近平总是心心念念着"一带一路",希望给沿线各国带来实实在在的利益,把中国梦与沿线各国人民的梦想结合在一起。他强调"一带一路"建设要照顾其他国家的利益,"以义为先、义利并举,不急功近利,不搞短期行为"。

由此我们可以看到,亚洲基础设施投资银行的首批项目已经获批,这个中国发起建立的国际性金融机构,正在"欢迎各国搭乘中国发展的'顺风车'"。

由此我们还可以看到,中国对外开放的力度越来越大。在上海之后,自贸区在天津、广东、福建开花,第三批自贸区也正在酝酿,外资入华比任何时候都领域更宽、门槛更低、待遇更公。

中国经济发展将继续为世界带来巨大的溢出效应,更加开放的中国更能造福世界。

政策沟通、设施联通、贸易畅通、资金融通、民心相通,深度融合的互利合作机制,体现的,是中国的大国担当,通向的,是共享共建的世界治理新秩序。

(新华网记者 陈俊松)

2016年8月10日

# 清除"最大威胁"
## ——习近平论反腐

**学习进行时**

　　猛药去疴、重典治乱，是习近平治国理政的鲜明特征之一。三年多来的反腐斗争振奋了全国人民，也吸引了世界目光。七一重要讲话，习近平从党的"最大威胁"高度再谈反腐，将反腐斗争再次提上新高度。

## 不忘"初心",就要时时告诫

"我们党作为执政党,面临的最大威胁就是腐败。"七一重要讲话,习近平深刻阐述了"不忘初心、继续前进"的八方面要求,将反腐斗争再次提上新高度。

党的"初心"是一切为了人民,先进性和纯洁性是党的本质属性。"不忘初心",就要同一切弱化先进性、损害纯洁性的现象作斗争。对腐败必须坚持零容忍的态度。

95年的历史进程中,党始终视贪污腐败等侵害人民利益的现象为大敌,党的力量越壮大、党的事业越发展,就越加重视。

峥嵘岁月,我们党一直坚持"三大纪律八项注意"。

"赶考"在即,我们党郑重提出"两个务必","不学李自成"。

建设国家,我们党清醒认识到,党能否不断前进、长期执政，就在于能否坚持权为民所用，情为民所系，利为民所谋。

正因如此，习近平高度重视反腐斗争。在许多重要场合，连发反腐"硬话"，深刻揭示出反腐斗争于党于国的重大意义，宣示祛病疗伤，激浊扬清的坚定决心。

十八大，刚刚担任总书记的习近平，面对500多名中外记者，直言不讳地指出："一些党员干部中发生的贪污腐败、脱离群众、形式主义、官僚主义等问题，必须下大气力解决。全党必须警醒起来。"

主持十八届中央政治局第一次集体学习，习近平语重心长地说："大量事实告诉我们，腐败问题越演越烈，最终必然会亡党亡国！"

在十八届中央纪委二次全会上讲话，习近平谆谆告诫："如果不坚决纠正不良风气，任其发展下去，我们党就会失去根基、失去血脉、失去力量。"

……

党的根基在于人民，血脉系于人民，力量源于人民。"打铁还需自身硬"才能"继续前进"。

## 践行"初心",方能万民归心

习近平出席中央纪委全会的历次讲话,既有深刻总结,又有具体部署。读懂这几次讲话,习近平的反腐思路和整体布局也就清楚了。那就是坚持猛药去疴、重典治乱,持之以恒、久久为功。

在十八届中央纪委二次全会上,习近平首次提出"坚持'老虎'、'苍蝇'一起打",成为这三年多来反腐斗争的总基调。

三次全会,习近平强调,反腐败高压态势必须继续保持,坚持以零容忍态度惩治腐败。

五次全会,习近平提出要打赢反腐败斗争这场攻坚战、持久战,强调党风廉政建设和反腐败斗争"永远在路上"。

六次全会,习近平坚定指出,党中央坚定不移反对腐败的决心没有变,坚决遏制腐败现象蔓延势头的目标没有变。要求全党对中央在反腐败斗争上的决心要有"四个足够自信"。

三年多来,周永康、薄熙来、徐才厚、郭伯雄、令计划、苏荣等一批高级干部因严重违纪违法先后受到党纪国法严惩,全国省区市、中央部门、事业单位和央企等领域均揪出"老虎",证明了没有什么"刑不上大夫"。惩治群众身边的"四风"和腐败问题紧抓不放,仅2015年,全国共处理9万多人,近2万人被点名通报。

"开弓没有回头箭,反腐没有休止符","不定指标、上不封顶"……在习近平反复强调下,"越往后执纪越严,越往后反腐越紧"的信号不断释放,反腐败斗争压倒性态势正在形成。

三年多来的反腐"成绩单",使人民群众增强了对党的信任和支持,人民群众给予高度评价。国家统计局问卷调查结果显示,91.5%的群众对党风廉政建设和反腐败工作成效表示很满意或比较满意。

群众满意和支持,就是因为我们党反腐败不是看人下菜的"势利店",不是争权夺利的"纸牌屋",也不是有头无尾的"烂尾楼"。而是真正的自我净化、自我完善、自我革新和自我提高。让群众看到我们对"初心"的践行。

习近平总结三年多来的反腐工作时说,"民心是最大的政治,正义是最强的力量"。认真践行"初心",方能万民归心。

## 坚持"初心",明确路在何方

七一重要讲话,习近平对各级领导干部提出了敬畏人民、敬畏组织、敬畏法纪,公正用权、依法用权、为民用权、廉洁用权的要求。

这些要求,既有纪律约束,也有思想教化。一"硬"一"软",目的就是在发挥"不敢腐"震慑作用的基础上,进一步实现"不能腐"、"不想腐",让"不忘初心"的要求成为党员干部行动的红线和自觉。这是拒腐防变的治本之道、长久之道。

治党管党,靠什么管,凭什么治?靠严明纪律。习近平严肃地讲,"身为党员,铁的纪律就必须执行"。

纪律之所以被称为"霸道",就在于其严肃性和权威性。要让纪律成为带电的"高压线",制度的笼子才能真正关得住权力。

而要永葆共产党人拒腐蚀、永不沾的政治本色，从根本上讲，还是要靠坚定党员干部的理想信念。党的十八大以来，党内教育活动密集开展，其目的就是为党员干部立根固本，挺起精神脊梁，重整"初心"再出发。

习近平常说，理想信念就是共产党人精神上的"钙"，反复强调"理想信念坚定，骨头就硬，没有理想信念，或理想信念不坚定，精神上就会'缺钙'，就会得'软骨病'"，"就可能导致政治上变质、经济上贪婪、道德上堕落、生活上腐化"。

如何"补钙"？习近平七一重要讲话已作出明确要求：拧紧世界观、人生观、价值观这个"总开关"，做到心中有党、心中有民、心中有责、心中有戒，把为党和人民事业无私奉献作为人生的最高追求。

（新华网记者　王子晖）

2016年8月12日

# 立规与问责
## ——习近平从严治党"利器"

**学习进行时**

习近平在七一讲话中强调:"党和人民事业发展到什么阶段,党的建设就要推进到什么阶段。这是加强党的建设必须把握的基本规律。"党的建设,关键是制度建设。新近出台的《中国共产党问责条例》成为又一件全面从严治党"利器"。

"我们党作为一个有8800多万名党员、440多万个党组织的党,作为一个在有着13亿多人口的大国长期执政的党,党的建设关系重大、牵动全局。"习近平总书记七一重要讲话中的这段论述引人深思。

我们这么大一个政党,靠什么来管好自己的队伍?除了靠觉悟,还必须有刚性约束——纪律。我们党从成立起就是靠铁的纪律组织起来的,这是党的光荣传统,也是独特优势。

要严明纪律,前提是有纪可依、有章可循。

中央2016年7月印发的《中国共产党问责条例》,整合与规范原有的一百多部与问责相关的规定,解决了问责主体不明确、事项过于原则、方式不统一等问题,进一步使制度成为管党治党的利器。

## 若干"第一次",立规扎笼子

七一讲话中,习近平明确提出了"全面净化党内政治生态"的要求。

党内政治生态靠什么来净化?既要靠拧紧理想信

念"总开关",也要靠"立规"——用制度"扎紧党规党纪的笼子"。"要解决思想问题,也要解决制度问题",这是党在长期实践中得出的深刻结论。

制度有多重要?习近平在主持中央政治局第二十四次集体学习时作出深刻阐释:"铲除不良作风和腐败现象滋生蔓延的土壤,根本上要靠法规制度。"

制度既"禁于未然之前",又"禁于已然之后",带有根本性、全局性、稳定性、长期性。管党治党,要做到真管真严、敢管敢严、长管长严,离不开制度建设。

十八大以来,以习近平同志为总书记的党中央推进全面从严治党的一个鲜明特征,就是不断建立健全相关制度,用制度管权、管事、管人。

"把权力关进制度的笼子里,首先要建好笼子"。

"破除潜规则,根本之策是强化明规则"。

"执政党对资源的支配权力很大,应该有一个权力清单"。

……

习近平对制度建设的重视和强调,贯穿于推进全面

从严治党这一战略布局的全过程。

在十八届中央纪委五次全会上,习近平提出修订廉洁准则和纪律处分条例的重要任务,极大推动了党内制度建设与时俱进。《中国共产党问责条例》印发后不久,习近平又主持召开中央政治局会议,决定将制定新形势下党内政治生活若干准则,修订《中国共产党党内监督条例(试行)》。

三年多来,党内制度建设已经步入快车道。从第一部正式公开的党内"立法法"《中国共产党党内法规制定条例》和备案程序、第一个党内法规制定工作的五年规划,到党内法规的首次清理……若干个"第一次"体现出的就是习近平对党内制度建设的一贯要求:

"党的纪律规定要根据形势和党的建设需要不断完善,确保系统配套、务实管用,防止脱离实际、内容模糊不清、滞后于实践。"

## 取法于上,细化"总规矩"

邓小平曾说:"制度好可以使坏人无法任意横行,

制度不好可以使好人无法充分做好事，甚至会走向反面。"

如何建立好制度？制度建设有何遵循？

首先就是遵循党章。党章是党的根本大法，是管党治党的总规矩，也是制定党内其他制度的根本遵循。

2012年11月16日，刚刚担任总书记的习近平就发表了《认真学习党章　严格遵守党章》的重要讲话，要求全党牢固树立党章意识，真正把党章作为加强党性修养的根本标准，作为指导党的工作、党内活动、党的建设的根本依据，把党章各项规定落实到行动上、落实到各项事业中。并突出强调，建立健全党内制度体系，要以党章为根本依据。

十八大以来中央制定出台的数十件重要党内法规，察其本质，就是对党章规定的细化、具体化，以及对党章权威性和严肃性的巩固和维护。

习近平认为，"取法于上，仅得为中；取法于中，故为其下"，采取什么样的标准，就有什么样的效果。

因此，习近平对制度建设的要求一是"严"，二是"实"。

公民不能违反的法律底线不同于党员的纪律底线,如果纪法不分,势必造成"要么是好同志,要么是阶下囚"的不良后果。习近平始终强调,"要坚持纪严于法、纪在法前","用纪律管住全体党员"。

另一方面,制度不在多,而在于精,在于务实管用,突出针对性和指导性。习近平形象地说,"牛栏关猫是不行的"。如果空洞乏力,起不到应有的作用,再多制度也会流于形式。必须搞好配套衔接,把制度的笼子不断扎紧扎密。

问责制度,连接各项党规党纪,贯通工作上下左右,等于为"笼子"加固上锁。

## 有责必问,防范"破窗效应"

"人心似铁,官法如炉"。身为党员,铁的纪律必须执行。习近平反复告诫,"纲纪不彰,党将不党,国将不国";党纪国法不能成为"橡皮泥"、"稻草人"。

明制度于前,重威刑于后。"党纪就是红线,处分就是惩戒"。要让制度、纪律成为带电的"高压线",问责是重要抓手。近年来,中央先后对山西塌方式腐败、湖南衡阳和四川南充拉票贿选案等严肃问责,中央纪委通报曝光河南新乡市委和市纪委原主要负责人履行"两个责任"不力等问题。截至今年5月底,全国共对4.5万余名党员领导干部作了责任追究。

"动员千遍不如问责一次",《中国共产党问责条例》印发后,有责必问、问责必严的强烈信号进一步释放出来。条例规定了7种问责方式,倒逼责任落实,既追究主体责任、监督责任,又追究领导责任,其核心思想就是"有权必有责、有责要担当、失责必追究"。

条例第十条明确规定的"终身问责",更是对"越红线""踩雷区"者有强大的震慑作用。

管党治党从宽、松、软走向严、紧、硬的实践证明,没有免罪的"丹书铁券",也没有御封的"铁帽子王"。制度面前,任何人都不要心存侥幸。

要让制度的利器始终高悬,习近平语重心长地提了五个"不":

"不以权势大而破规,不以问题小而姑息,不以违者众而放任,不留'暗门',不开'天窗',坚决防止'破窗效应'。"

七一讲话中,他更明确表示,从严治党、作风建设"要从中央政治局常委会、中央政治局、中央委员会抓起,从高级干部抓起"。

《中国共产党问责条例》的施行表明,制度建设正在实践中不断推进。全面从严治党永远在路上。

(新华网记者 王子晖)

2016年8月13日

# 功以才成,业由才广
## ——习近平的"人才观"

**学习进行时**

"聚天下英才而用之"这句话,习近平近来多次强调。在庆祝建党95周年大会上,他再次指出:"要把各方面人才更好使用起来,聚天下英才而用之。"

什么样的人才算是"英才"?如何将他们吸引过来、凝聚起来?习近平对此有一系列高瞻远瞩的论述。

"我们要以识才的慧眼、爱才的诚意、用才的胆识、容才的雅量、聚才的良方,广开进贤之路,把党内和党外、国内和国外等各方面优秀人才吸引过来、凝聚起来,努力形成人人渴望成才、人人努力成才、人人皆可成才、人人尽展其才的良好局面。"

"七一"讲话中,习近平连用"识才""爱才""用才""容才""聚才"等词汇,大力号召"广开进贤之路",可见人才问题在他心中的分量。

## 求贤若渴,引而不竭

"要树立强烈的人才意识,寻觅人才求贤若渴,发现人才如获至宝,举荐人才不拘一格,使用人才各尽其能。"

"我们有凝心聚力办大事的自信,要把最好的资源凝聚起来,发挥各类人才的智慧,聚天下英才而用之。"

"要择天下英才而用之,实施更加积极的创新人才引进政策,集聚一批站在行业科技前沿、具有国际视野和能力的领军人才。"

"要聚天下英才而用之,为网信事业发展提供有力人才支撑。"

"科技人才培育和成长有其规律,要大兴识才爱才敬才用才之风,为科技人才发展提供良好环境,在创新实践中发现人才、在创新活动中培育人才、在创新事业中凝聚人才,聚天下英才而用之,让更多千里马竞相奔腾。"

……

自2013年6月在全国组织工作会议上讲话至2016年5月在全国科技创新大会、两院院士大会、中国科协第九次全国代表大会上的讲话,习近平反复讲到人才问题。

求贤之心,可见一斑。

才以用而日生,思以引而不竭。

重视人才,如何用好人才是关键。对此,习近平2013年在沈阳考察时,提出了"尽最大力气"的要求。

如何"尽最大力气"?

习近平提出"三要":要加大改革落实工作力度,要着力破除体制机制障碍,要树立强烈的人才意识。

加大改革落实工作力度,就要把《关于深化人才发展体制机制改革的意见》落到实处;着力破除体制机制障碍,就是要向用人主体放权,为人才松绑;树立强烈的人才意识,必须做好团结、引领、服务工作,真诚关心人才、爱护人才、成就人才。

## 重视成功,宽容失败

2014年,习近平在中国科学院第十七次院士大会、中国工程院第十二次院士大会上语重心长地说:"我们在科技队伍上也面对着严峻挑战,就是创新型科技人才结构性不足矛盾突出,世界级科技大师缺乏,领军人才、尖子人才不足,工程技术人才培养同生产和创新实践脱节。"

有资料显示,科研创新成功率仅有10%左右,创业成功率同样很低,创业企业的成功率仅为20%左右。这说明,创新创业,失败乃是常态。

创新艰难却势在必行。鼓励创新,为创新创业提供良好的氛围至关重要。

为此，习近平提出"要在全社会积极营造鼓励大胆创新、勇于创新、包容创新的良好氛围，既要重视成功，更要宽容失败"。

2012年，我国开始实施"万人计划"，旨在发现、培养和使用国内高层次人才。该计划是与国家"千人计划"并行的国家人才工程，计划用10年时间遴选支持1万名左右本土高层次创新创业人才，给予他们更宽松的环境开展创新创业。

4年来，"万人计划"成效卓著。首批199名青年拔尖人才，入选不到两年，就有84人获得国家级和世界级重要科研奖项，占42.2%；有163人在国际重要学术期刊发表高水平论文，占81.9%，成绩喜人。

## 不拘一格，善用奇才

骏马能历险，力田不如牛；坚车能载重，渡河不如舟。

如何评价人才？学识渊博，堪当大任者自然是人才。在习近平眼中，那些身怀绝技，术业有专攻的"奇

才""偏才"和"怪才"同样是人才。

他在2016年网络安全和信息化工作座谈会上讲话指出:"互联网领域的人才,不少是怪才、奇才,他们往往不走一般套路,有很多奇思妙想。"

如何让"奇才""怪才"在争流的百舸中一展所长?习近平要求:"对待特殊人才要有特殊政策,不要求全责备,不要论资排辈,不要都用一把尺子衡量。"

在网络安全和信息化工作座谈会上,习近平提出"四要",要采取特殊政策,要建立适应网信特点的人才评价机制,要建立灵活的人才激励机制,要探索网信领域科研成果、知识产权归属、利益分配机制。

特殊政策、人才评价机制、人才激励机制、分配机制,一针见血,抓住了"纲"和"要","纲举"自然会"目张"。

用一贤人而群贤毕至,相一良马而万马奔腾。

## 居高望远,广揽博用

中国是科技人力资源最多的国家之一,但也是人才流失比较严重的国家,其中不乏顶尖人才。

习近平破解这个问题的思路是,站在世界之巅选人才。

"一个国家对外开放,必须首先推进人的对外开放,特别是人才的对外开放。""不管是哪个国家、哪个地区的,只要是优秀人才,都可以为我所用。"习近平如是说。

他在同外国专家座谈时强调,要实行更加开放的人才政策,不唯地域引进人才,不求所有开发人才,不拘一格用好人才,在大力培养国内创新人才的同时,更加积极主动地引进国外人才特别是高层次人才,热忱欢迎外国专家和优秀人才以各种方式参与中国现代化建设。

泰山不让土壤,故能成其大;河海不择细流,故能就其深。

高端人才正在加速向我国汇聚。数据显示,2004年我国留学归国人员仅有2万多人,2015年达到40.5万人。还有越来越多的外籍科学家、工程师和企业管理人员来中国工作。

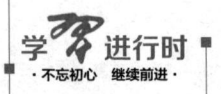

功以才成,业由才广。一个惜才爱才的国家必然是一个充满希望的国家。习近平说:"有了源源不断的人才优势,中华民族伟大复兴指日可待。"

(新华网记者 李洁琼)

2016年8月15日

# 命运共同体
## ——习近平"和"的境界

**学习进行时**

人类同处一个地球,"地球村"的每个成员,如何携手共进?习近平在建党95周年庆祝大会上给出中国方案:"推动形成人类命运共同体和利益共同体。""以和为贵"、"和而不同",习近平在中国传统"和"文化基础上构建的"命运共同体"理念,体现了博大的天下情怀。

中国"愿扩大同各国的利益交汇点,推动构建以合作共赢为核心的新型国际关系,推动形成人类命运共同体和利益共同体"。习近平七一重要讲话,反映出中国始终坚持和平发展、互利共赢的初心。

习近平倡导"命运共同体",时也,势也。

## 为中国谋,为世界谋

2013年3月,习近平在莫斯科国际关系学院的演讲上,清晰而明确地向世界传递了这一理念:"这个世界,各国相互联系、相互依存的程度空前加深,人类生活在同一个地球村里,生活在历史和现实交汇的同一个时空里,越来越成为你中有我、我中有你的命运共同体。"

之后的上合组织峰会、中阿合作论坛、博鳌亚洲论坛、第七十届联合国大会、二十国集团峰会、亚信第五次外长会议,一直到庆祝中国共产党成立95周年大会……从国与国的命运共同体到区域内命运共同体,再到人类命运共同体,习近平一次次深入阐述这一主张。

"命运共同体"成为习式外交的象征性符号。

毋庸讳言,"命运共同体"是"为中国谋"。中国需要一个和平的环境,才能延续战略机遇期,才能安心谋发展图富强,实现民族的伟大复兴。

世界好,中国才会好。

"命运共同体"也是"为世界谋"。一花独放不是春,万紫千红春满园,是中国人的理念。中国的发展与强大,对其他国家来说不是威胁,而是机遇。中国经济发展进入新常态,将继续给世界各国提供更多市场、增长、投资、合作机遇。中国实现贫困人口全部脱贫的目标,不仅将为全球经济发展减负,更带来宝贵经验。中国实施"绿色发展、循环发展、低碳发展",将减轻这个资源日益匮缺的拥挤星球的压力……

中国好,世界才会好。

习近平以"四个坚持"为实现人类命运共同体指明了现实路径:必须坚持各国相互尊重、平等相待,必须坚持合作共赢、共同发展,必须坚持实现共同、综合、合作、可持续的安全,必须坚持不同文明兼容并蓄、交流互鉴。

联合国讲台上,习近平又进一步提出:建立平等相待、互商互谅的伙伴关系,营造公道正义、共建共享的安全格局,谋求开放创新、包容互惠的发展前景,促进和而不同、兼收并蓄的文明交流,构筑尊崇自然、绿色发展的生态体系……

## 大国风范,大国担当

中国人言必信行必果:

在硝烟弥漫的异国,有中国维和军人"马革裹尸";在病毒爆发的非洲,"别人因埃博拉走了,中国因埃博拉来了";在炮火纷飞的也门,有中国军舰帮助外国公民安全撤离的温暖;经历过强震后一片断壁残垣的尼泊尔,有中国救援队的不舍昼夜,不抛弃不放弃……

大爱,不分种族、国度。

中国更有一份"为万世开太平"的宏大愿景。

上合组织、中国—东盟自贸区、博鳌亚洲论坛、亚太经合组织、南南合作等,中国尽心竭力,为双边多边合作发挥了黏合剂、强心剂的作用。亚投行、"一带一路",中国殚精竭虑,为中国和世界各国打造共同发展双引擎。它们引发了一轮洲际开发热潮,点燃了欧亚非大陆共同发展的星星之火。

立足现实,放眼全球,着力未来。所谓天下情怀,即如此;所谓天下为公,当如是。

中国倡导,中国践行。

## 人间正道,"和而不同"

"命运共同体"根植于中国传统的"和"文化。

中国的"和"文化,坚持的是"以和为贵"、"有容乃大"格局;追求的是"致中和,天地位焉,万物育焉"的"太平和合"境界;秉持的是"天下为公""万邦和谐""万国咸宁"的政治理念;讲究的是"和而不同""执其两端而用其中"的哲学思想。

"命运共同体"理念,是吸收"和"文化精髓,内化新时代要求,提炼升华而形成的一种价值观。

在国际关系准则上,"合作共赢、和平发展"是习近平口中的关键词。他强调要"推动构建以合作共赢为核心的新型国际关系,推动国际秩序和国际体系朝着更加公正合理的方向发展,推动建设人类命运共同体";指出"相互尊重、平等相处、和平发展、共同繁荣,才是人间正道"。并反复阐述"中国坚持走和平发展道路,奉行独立自主的和平外交政策,实行互利共赢的对外开放战略"。

习近平大力倡导、推进的"一带一路"就是要寻找更多利益交汇点,"把我国发展同沿线国家发展结合起来,把中国梦同沿线各国人民的梦想结合起来"。

亚投行,习近平的"邀请函"早已发出,欢迎各国搭乘中国发展的"顺风车"。

"中国梦"是和平、富强、幸福的梦,不是唯我独尊的梦。"中国人民崇尚'己所不欲,勿施于人'。中国不认同'国强必霸论',中国人的血脉中没有称王称霸、穷兵黩武的基因。"桃李不言下自成蹊,中国的"朋友圈"越来越庞大。

必须厘清的是,"和"既不是零和博弈,也不是无原则的"和谐"相处。事关原则性的大事,必坚定不移、寸步不让。正如习近平在七一重要讲话中所说："中国倡导人类命运共同体意识，反对冷战思维和零和博弈"，中国"决不放弃我们的正当权益。中国人民不信邪也不怕邪，不惹事也不怕事，任何外国不要指望我们会拿自己的核心利益做交易，不要指望我们会吞下损害我国主权、安全、发展利益的苦果"。

譬如南海问题，我们愿意将南海建设成和平之海、友谊之海、合作之海。但是，如果有人不顾公理道义得寸进尺，那么中国人从来就有"捐躯赴国难，视死忽如归"的血性。予谓不信？尽可一试！

"弱肉强食、丛林法则不是人类共存之道。穷兵黩武、强权独霸不是人类和平之策。赢者通吃、零和博弈不是人类发展之路。和平而不是战争，合作而不是对抗，共赢而不是零和，才是人类社会和平、进步、发展的永恒主题。"习近平说。

英国著名历史学家汤因比说过，"避免人类自杀之路，在这点上现在各民族中具有最充分准备的，是两千年来培育了独特思维方法的中华民族"。这种"独特思维方法"就是"和"的文化，延伸到当代就是"命运共

同体"理念。

"礼之用,和为贵,先王之道斯为美"。"命运共同体"的"美",最大的魅力就在于把"你"和"我",变成了"我们"。

"命运共同体"是站在世界和人类高度,高屋建瓴地提出来的一份超越民族、国家和意识形态的中国方略。

(新华网记者 赵银平)

2016年8月17日

# 总书记的告诫：
## 不能忘记为什么出发

**学习进行时**

连日来，"不忘初心、继续前进"成为社会各界高度关注的"刷屏"热词。习总书记的七一讲话着重回答了中国共产党人的"初心"是什么，方向在哪里，中国将以何种方式继续前进等事关中华民族伟大复兴的重大问题，为迎接新的挑战指明方向，对全体党员干部提出明确要求。

连日来,"不忘初心、继续前进"成为社会各界高度关注的"刷屏"热词。理论研究专家认为,习总书记的七一讲话着重回答了中国共产党人的"初心"是什么,方向在哪里,中国将以何种方式继续前进等事关中华民族伟大复兴的重大问题,为迎接新的挑战指明方向,对全体党员干部提出明确要求。

中央党校原副校长李君如、中央党校党史教研部主任谢春涛在讲话发表后走进新华网演播间,对习近平重要讲话作了解读。

## "初心"是什么

讲话中十次提到"不忘初心"。那么,中国共产党人的"初心"到底是什么?

习总书记在讲话中告诫全党:"我们党已经走过了95年的历程,但我们要永远保持建党时中国共产党人的奋斗精神,永远保持对人民的赤子之心。一切向前走,都不能忘记走过的路;走得再远、走到再光辉的未来,也不能忘记走过的过去,不能忘记为什么出发。"

谢春涛说，这段话讲得很清楚，"初心"就是中国共产党人自建党之初就树立的奋斗精神和对人民的赤子之心。"简单说，不忘初心，就是不要忘记我们党的理想、信念、宗旨。"

李君如说，习近平总书记对党95年的三大历史贡献、三个伟大飞跃的总结，和从历史经验中提炼出的三大启示"高度凝练，具有强烈的启迪意义"。他说："当改革发展遇到困难时，要把我们党的奋斗经验作为宝贵财富，迎接挑战，创造新的成就。对共产党来说，有困难、有挑战并不可怕，可怕的是没有信心。信心来自于哪里？信心就建立在我们95年的历史基础上。"

谢春涛说，95年来，中国共产党之所以能够作出三大历史贡献，就在于始终坚持马克思主义的普遍真理，并在实践中不断丰富和发展马克思主义。习近平总书记强调"不忘初心"是为了后面四个字："继续前进。"

"八个字很凝练，内涵非常丰富，体现了党的忧患意识，对人民尽责的责任意识。"李君如说。

## "继续前进"之路如何走

讲话从八个方面阐释了"不忘初心、继续前进"的具体任务和要求。李君如逐一解析了这八个方面的核心内容:一是要坚持党的指导思想;二是要牢记理想信念;三是要坚持"四个自信";四是要推进"五位一体"总体布局和"四个全面"战略布局;五是全面深化改革;六是立足于人民;七是走和平发展道路;八是坚持党的领导,推进党的建设。

李君如说,这八个"不忘初心,继续前进",就是八项任务,前两项侧重"不忘初心",后五项体现"继续前进",中间第三项即"四个自信",既是对前面的汇总,也是对后面任务的根本保证,起到承上启下的作用。

在第八项任务中,习总书记以经受"四大考验",克服"四种危险"为问题导向,谈加强党的建设,祛病疗毒,激浊扬清;以自我革命的政治勇气,谈着力解决党自身存在的突出问题;明确把腐败提到是我们最大威胁这一高度，要求保持党的先进性和纯洁性，提高执政能力和领导水平，增强抵御风险和拒腐防变能力。两位专家认为，讲话毫不避讳当前面临的风险、困难，以问题为导向，显示出强烈的忧患意识和责任意识。这是总结了党95年历史得出的深刻结论。

"习总书记在讲话中提出怎样严肃党内政治生活、净化党内政治生态的问题，就是要提起大家重视，党的政治生态问题牵涉到党风问题，牵涉到社会风气问题。十八大以来从严治党的一个重要经验是从党的高层抓起，从高级干部抓起，以上率下，持之以恒地加强作风建设，发挥党的优良传统。这是营造一个好的政治生态的关键因素。"李君如说。

谢春涛说，"全面从严治党是'四个全面'战略布局的根本保证，其重要性不言而喻。"

从严治党从何处入手？谢春涛认为，一方面要特别强调理想信念宗旨。"近年来落马的党员和领导干部无一例外的共性问题是理想信念丧失了，起码是淡漠了。习总书记语重心长地强调不忘初心，就是在告诫党员领导干部，不应该忘记共产党员的理想信念。"另一方

面，要把理想信念宗旨变成对党员干部进行约束的纪律规矩。谢春涛说，《中国共产党廉洁自律准则》和《中国共产党纪律处分条例》已经重新修订，《中国共产党问责条例》也已审议通过，只有制定纪律、严格执纪，才能把党管理好，让老百姓拥护和支持。

## 在历史性考试中经受考验

讲话以"历史性考试"为结尾。习总书记深情回顾了1949年3月的那个上午。党中央从西柏坡动身前往北京时，毛泽东同志说"今天是进京赶考的日子"。习近平说："60多年的实践证明，我们党在这场历史性考试中取得了优异成绩。同时，这场考试还没有结束，还在继续。"习总书记的话引人深思，激励人心。

"取得优异成绩，就是前面讲到的三个历史贡献；考试还没有结束，那就要不忘初心、继续前进；今天我们党团结带领人民所做的一切工作，就是还在继续考试。"李君如说，通篇讲话围绕党面临的新时期历史性考试主题，讲怎么在考试中不迷失方向，不忘记使命。

在历史性考试中不忘初心，在历史性考试中继续前进。这篇讲话不仅仅是对95年党的历史的纪念，更是面向未来的宣誓。

怎样才能在这场历史性考试中经受考验，努力向历史、向人民交出新的更加优异的答卷？李君如说，所有共产党员和干部都要增强党性，以共产党员的身份和责任去完成党员肩负的使命；所有的党员干部要勤奋学习，通过学习赶上今天的时代，认识自己的使命，增强本领和能力；所有的党员干部要更好地树立起人民主体的思想，始终把人民放在第一位，改正存在的毛病，解决本领不足、本领恐慌问题，毫不犹豫地解决腐败问题。

（新华网记者　曹滢　黄玥）

（参与记者：底东娜、王子晖、袁晗、蔡梦晓）

2016年7月7日

不忘初心
继续前进

篇二

学习进行时・习语图解

# 长征！长征！

**一图读懂**
**习近平在纪念长征胜利80周年大会上的讲话**

  在纪念中国工农红军长征胜利80周年大会上，习近平总书记发表重要讲话。

  他全面回顾了80年前红军长征这一革命壮举、壮丽史诗和巍峨丰碑，总结了长征的伟大意义和深刻精神内涵，提出了弘扬伟大长征精神、走好今天的长征路的六方面要求。

## 长征的伟大意义

我们党领导红军,以非凡的智慧和大无畏的英雄气概,战胜千难万险,付出巨大牺牲,胜利完成震撼世界、彪炳史册的长征,宣告了国民党反动派消灭中国共产党和红军的图谋彻底失败,宣告了中国共产党和红军肩负着民族希望胜利实现了北上抗日的战略转移,实现了中国共产党和中国革命事业从挫折走向胜利的伟大转折,开启了中国共产党为实现民族独立、人民解放而斗争的新的伟大进军。这一惊天动地的革命壮举,是中国共产党和红军谱写的壮丽史诗,是中华民族伟大复兴历史进程中的巍峨丰碑。

# 长征四个"伟大远征"

 长征是一次**理想信念**的伟大远征

 长征是一次**检验真理**的伟大远征

 长征是一次**唤醒民众**的伟大远征

 长征是一次**开创新局**的伟大远征

# 伟大长征精神五方面内涵

伟大长征精神,是中国共产党人及其领导的人民军队革命风范的生动反映,是中华民族自强不息的民族品格的集中展示,是以爱国主义为核心的民族精神的最高体现。

就是把全国人民和中华民族的根本利益看得高于一切，坚定革命的理想和信念，坚信正义事业必然胜利的精神；

就是为了救国救民，不怕任何艰难险阻，不惜付出一切牺牲的精神；

就是坚持独立自主、实事求是，一切从实际出发的精神；

就是顾全大局、严守纪律、紧密团结的精神；

就是紧紧依靠人民群众，同人民群众生死相依、患难与共、艰苦奋斗的精神。

# 弘扬伟大长征精神、走好今天的长征路六方面要求

必须坚定共产主义远大理想和中国特色社会主义共同理想,为崇高理想信念而矢志奋斗。

必须坚定中国特色社会主义道路自信、理论自信、制度自信、文化自信,为夺取中国特色社会主义伟大事业新胜利而矢志奋斗。

必须把人民放在心中最高位置,坚持一切为了人民、一切依靠人民,为人民过上更加美好生活而矢志奋斗。

必须把握方向、统揽大局、统筹全局,为实现我们的总任务、总布局、总目标而矢志奋斗。

必须建设同我国国际地位相称、同国家安全和发展利益相适应的巩固国防和强大军队,为维护国家安全和世界和平而矢志奋斗。

必须加强党的领导,坚持全面从严治党,为推进党的建设新的伟大工程而矢志奋斗。

# 有一种精神，
## 习近平反复强调

**学习进行时**

习近平总书记一直非常重视伟大长征精神，他强调，长征的伟大壮举将永远铭刻在中国革命和中华民族的史册上。长征永远在路上，我们这一代共产党人继续朝着中华民族伟大复兴的目标奋勇前进，就是我们这一代人的长征路。

## "告诉大家我们党是怎么走过来的"

习近平对革命传统教育一直非常重视。在部队视察,他反复强调学传统、爱传统、讲传统,十分关心"红色基因代代传"工程。到地方调研,习近平也一再讲要坚持用革命传统铸魂育人,大力弘扬革命精神。

在一系列革命精神中,习近平尤其重视伟大的长征精神。在不同时期、不同场合,多次对红军长征和长征精神作出高度评价和深刻阐释。

"中国共产党和中国革命事业从挫折走向胜利的伟大转折点","二十世纪中国共产党人创造的壮丽史诗","一种绵延不绝的精神力量"。2006年,时任浙江省委书记的习近平参观浙江省纪念长征胜利70周年图片展时,对长征作出高度评价。

党的十八大以来,习近平先后来到延安、井冈山等革命圣地,缅怀烈士、纪念长征,目的就是要引导广大干部群众,铭记红军丰功伟绩,弘扬伟大长征精神。

2015年6月,习近平考察贵州,首站就是遵义,他一下飞机就直奔红军山烈士陵园。在遵义会议会址，习近平特别叮嘱："要给大家好好讲，告诉大家我们党是怎么走过来的。"

2016年7月，习近平来到宁夏考察，专机直飞固原。他驱车1个多小时来到西吉县将台堡，冒雨向红军长征会师纪念碑敬献花篮。

……

2016年9月，在中国工农红军长征胜利80周年之际，习近平参观了"英雄史诗 不朽丰碑——纪念中国工农红军长征胜利80周年主题展览"。他强调，"80年前，中国共产党领导中国工农红军战胜千难万险，胜利完成举世闻名的二万五千里长征。这个伟大壮举将永远铭刻在中国革命和中华民族的史册上"。

## "革命理想高于天"

习近平为何如此重视长征？就是因为伟大长征精神的内涵太深刻了。在宁夏调研时，习近平指出，革命理想高于天，不怕牺牲、排除万难去争取胜利，面对形形

色色的敌人决一死战、克敌制胜,这些都是长征精神的内涵。

"革命理想高于天",习近平常提这句话。中国共产党之所以叫共产党,就是因为从成立之日起我们党就把共产主义确立为远大理想。

七一重要讲话,习近平全面回顾了我们党95年来波澜壮阔的历史进程,他着重强调,"我们党之所以能够经受一次次挫折而又一次次奋起,归根到底是因为我们党有远大理想和崇高追求。""志不立,天下无可成之事。""理想之光不灭,信念之光不灭。""理想因其远大而为理想,信念因其执着而为信念。"

理想有多重要,习近平说得非常明确。

弘扬伟大长征精神,就是传承革命理想。最关键的就是将学习的成果转化为提升党性修养、思想境界、道德水平的精神营养。习近平强调,要做到真学真懂真信真用,在胜利和顺境时不骄傲不急躁,在困难和逆境时不消沉不动摇,牢牢占据推动人类社会进步、实现人类美好理想的道义制高点。

## "时代变了,理想和事业没有变"

回顾长征,习近平说:"现在,时代变了,条件变了,我们共产党人为之奋斗的理想和事业没有变。"

这个事业就是实现中华民族伟大复兴的中国梦。2012年11月29日,习近平参观《复兴之路》展览时,提出了中华民族伟大复兴的中国梦。指出实现中华民族伟大复兴,就是中华民族近代以来最伟大的梦想。这个梦想,凝聚了几代中国人的夙愿。

而长征就是一段中国共产党领导中华优秀儿女寻求中华民族复兴的伟大征程。长征永远在路上,我们这一代共产党人继续朝着中华民族伟大复兴的目标奋勇前进,就是我们这一代人的长征路。

走好实现"两个一百年"奋斗目标、实现中华民族伟大复兴中国梦的新长征路,习近平强调,要坚定中国特色社会主义道路自信、理论自信、制度自信、文化自信。

其中,文化自信是更基础、更广泛、更深厚的自

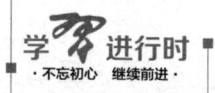

信,积淀着中华民族最深层的精神追求,代表着中华民族独特的精神标识。包括伟大长征精神在内的党和人民伟大斗争中孕育的革命文化就是我们重要的文化自信。弘扬伟大长征精神,坚定了这个自信,有了"自信人生二百年,会当水击三千里"的勇气,我们就能毫无畏惧面对一切困难和挑战,就能坚定不移开辟新天地、创造新奇迹。

(新华网记者 王子晖)

2016年10月20日

# 长征精神，
## 习近平最重视什么？

**学习进行时**

在纪念红军长征胜利80周年大会上，习近平总书记发表了重要讲话。近万字的讲话，无不紧紧围绕"弘扬伟大的长征精神"这一核心内容。什么是伟大的长征精神，讲话中给出了明确的答案。

回顾昨天的长征路,是为了走好今天的长征路,开辟明天的长征路。

长征永远在路上。习近平讲话中用四个"伟大远征"概括80年前那史诗般伟大壮举的意义,用五种"精神"、六个"必须"明确今天的遵循,指引明天的方向。

习近平的讲话中,这一句非常重要:长征的胜利,是中国共产党人理想的胜利,是中国共产党人信念的胜利。

弘扬伟大的长征精神,习近平最重视理想信念。

## 人民,是理想之根信念之源

"老百姓是天,老百姓是地。"谈起人民,习近平的话语是如此深情。他说:"忘记了人民,脱离了人民,我们就会成为无源之水、无本之木,就会一事无成。"

人民,是共产党人的理想之根、信念之源。一切为了人民,是中国共产党的立党"初心"。

篇二

80多年前,带着这颗为实现民族独立和人民解放的"初心",红军集结出发北上。

习近平说:"一部红军长征史,就是一部反映军民鱼水情深的历史。"他讲了湖南汝城县沙洲村的一个故事:3名女红军借宿徐解秀老人家中,临走时,把自己仅有的一床被子剪下一半给老人留下了。老人说,什么是共产党?共产党就是自己有一条被子,也要剪下半条给老百姓的人。

"自己有一条被子,也要剪下半条给老百姓",千言万语抵不过这一句话。这就是我们的党,我们的军队!人民不拥护这样的党拥护谁,不支持这样的军队支持谁?

"长征是一次唤醒民众的伟大远征。"与民同苦、为民而战,理想信念深深植根于人民群众的厚土沃壤,又在人民群众的心田中播撒了理想信念的种子。因此,"长征是宣言书,长征是宣传队,长征是播种机"。

历史是现实的镜子。走好今天的长征路,必须把人民放在心中最高位置,坚持一切为了人民、一切依靠人民、为人民过上更加美好生活而矢志奋斗;走好今天的

长征路,全党必须牢记,为什么人、靠什么人的问题,要始终把人民立场作为根本政治立场,把人民利益摆在至高无上的地位;走好今天的长征路,要坚持党的群众路线,始终保持党同人民群众的血肉联系。

### 理想信念,是长征胜利之本

习近平总书记历来重视理想信念教育,多次强调"革命理想高于天",强调理想信念是共产党人的精神之"钙"。

而理想信念,正是长征的精神瑰宝。

"风雨浸衣骨更硬,野菜充饥志越坚;官兵一致同甘苦,革命理想高于天。"习近平在讲话中提及肖华将军在1965年创作的《过雪山草地》一诗。

这首诗真实反映了当年红军长征过雪山草地时饥寒交迫、艰难困苦的处境。长征到底有多艰辛,习近平在讲话中还列举了一系列数据:

"平均每300米就有一名红军牺牲""红军将士同敌人进行了600余次战役战斗,跨越近百条江河,攀越

40余座高山险峰,其中海拔4000米以上的雪山就有20余座……"

一连串惊心动魄的数字,尽显长征历时之长、规模之大、行程之难、环境之险恶、战斗之惨烈。

80多年前,中国革命到了最危急的关头,年轻弱小的红军队伍义不容辞走上长征路,顽强生存、英勇战斗,克服一个又一个困难,从一个胜利走向另一个胜利。

"归根到底在于心中的远大理想和革命信念始终坚定执着,始终闪耀着火热的光芒。"就是"革命理想高于天"。

没有理想信念,就不会有血战湘江、四渡赤水、强渡大渡河;没有理想信念,就不会击退上百万穷凶极恶的追兵阻敌,征服空气稀薄的冰山雪岭,穿越渺无人烟的沼泽草地;没有理想信念,就不可能纠正错误路线,从胜利走向胜利。

"长征是一次理想信念的伟大远征。"习近平铺开了一幅星星之火迅速燎原的画卷,长征行走中的红军手中有火种,心中有信仰,脚下有力量,凭借理想信念,

走向胜利之巅。

## 理想信念，是长征精神核心

和理想信念密切相连的，是精神，是精神状态。

长征，留给我们最宝贵的精神财富，是中国共产党人和红军将士用生命和鲜血铸就的伟大长征精神。

什么是伟大的长征精神？

"就是把全国人民和中华民族的根本利益看得高于一切，坚定革命的理想和信念，坚信正义事业必然胜利的精神；就是为了救国救民，不怕任何艰难险阻，不惜付出一切牺牲的精神；就是坚持独立自主、实事求是，一切从实际出发的精神；就是顾全大局、严守纪律、紧密团结的精神；就是紧紧依靠人民群众，同人民群众生死相依、患难与共、艰苦奋斗的精神。"习近平高度凝练地总结了长征精神五个方面的深刻内涵。

这五个方面是辩证统一的整体。坚定的革命理想信念，既是长征精神的组成，也是长征精神的基础，更是长征精神的灵魂。

篇二

美国作家和记者埃德加·斯诺在《西行漫记》中这样纪录长征：中央红军在历时一年的长征中，几乎每天一次遭遇战；平均每天行军35公里以上，击败了数倍于己的国民党中央军的围追堵截。

经过千锤百炼的战斗，红军的理想境界、意志品质、战斗作风、团结精神、纪律观念等都得到极大提升，一步步凝聚成战无不胜的钢铁洪流。

在宁夏调研时，习近平指出，革命理想高于天，不怕牺牲、排除万难去争取胜利，面对形形色色的敌人决一死战、克敌制胜，这些都是长征精神的内涵。

而坚定的理想信念，正是长征精神的核心要义，是战胜一切艰难险阻的制胜法宝。

## 时代变了，理想信念永远不变

一个不记得来路的民族，是没有出路的民族。不论党和国家事业发展到哪一步，不论取得了多大成就，都要大力弘扬伟大长征精神，在新的长征路上继续奋勇前进。

习近平说了,现在,时代变了,条件变了,我们共产党人为之奋斗的理想和事业没有变。

今天的长征,仍然有许多"雪山""草地"需要跨越,还有许多"娄山关""腊子口"需要征服,都是具有开创性、艰巨性、复杂性的事业。

习近平说,"每一代人有每一代人的长征路,每一代人都要走好自己的长征路","我们这一代人的长征,就是要实现'两个一百年'奋斗目标、实现中华民族伟大复兴的中国梦。"

对此,习近平具体提出了弘扬伟大长征精神、走好今天的长征路的六方面要求。排在首位的仍然是:必须坚定共产主义远大理想和中国特色社会主义共同理想,为崇高理想信念而矢志奋斗。

坚定的理想信念离不开认识真理、掌握真理、信仰真理、捍卫真理的精神前提,离不开马克思主义科学真理,离不开为最广大人民谋利益的崇高价值。要将马克思主义科学理论转化为不可撼动的理想信念,转化为正确的世界观、人生观、价值观。

坚定理想信念要在党面对"四大考验""四种危

险"时,用"四个意识""四个自信"推进全面从严治党,用发展、改革和创新,统筹推进"五位一体"总体布局、协调推进"四个全面"战略布局。

一句话,无论时代如何"变"、条件如何"变",中国共产党一切为了人民的"初心"永远不会变。

新的长征路上,理想信念永远是精神航标。

(新华网记者　黄玥)
2016年10月22日

# 走好新的长征路，
## 习近平为何强调必须全面从严治党

**学习进行时**

习近平总书记在纪念红军长征胜利80周年大会上指出，弘扬伟大长征精神，走好今天的长征路，必须加强党的领导，坚持全面从严治党，为推进党的建设新的伟大工程而矢志奋斗。

毛泽东曾说："谁使长征胜利的呢？是共产党。没有共产党，这样的长征是不可能设想的。"

我们谈论红军的长征，事实上也是谈论中国共产党。长征，是中国共产党在思想、组织和精神上走向成熟的跨越，对于党的建设具有深远影响。

正因为如此，习近平总书记强调，弘扬伟大长征精神，走好今天的长征路，必须坚持加强党的领导，坚持全面从严治党，为推进党的建设新的伟大工程而矢志奋斗。

全面从严治党，如何从长征精神中汲取能量？

## 从严治党是保持先进性的治本之举

"办好中国的事情，关键在党。"这句话，习近平常说。

80多年前，中国工农红军谱写出惊天地、泣鬼神的壮丽史诗，党的领导是理想信念的最终体现。

习近平指出，长征的胜利启示我们：党的领导是党和人民事业成功的根本保证。

回顾长征中的每一个生死关头，中国共产党都展示出强大的"挽狂澜于既倒"、扭转乾坤能力。1935年1月召开的遵义会议，中国共产党摆脱了错误的军事路线，开始确立毛泽东在党内的领导地位，使中国革命走上了正确的道路。长征途中，党中央战胜了张国焘的机会主义路线，避免了党和红军的分裂，为创建陕北根据地打下了坚实的思想和领导基础。

湘江血战、飞夺泸定桥、强渡大渡河、爬雪山过草地……红军各级党组织像一个个坚不可摧的战斗堡垒，挺立在斗争的最前线；共产党员牺牲在前、吃苦在前、战斗在前，党员干部身先士卒，成为红军队伍的灵魂。四渡赤水出奇兵、调虎离山袭金沙、飞兵抢占腊子口、运动歼敌直罗镇……党中央从实际出发，因敌制变、灵活用兵，创造出一个又一个战争奇迹。

红军每迈出一个胜利的步伐，都是中国共产党正确领导的结果。跟着党走，也成为广大红军战士面对困难时坚定的选择。

长征锤炼出的思想成熟，启示我们在新的长征路上，要加强党的领导，全面从严治党。中国共产党的领

导,"必须毫不动摇坚持和完善"。习近平强调。

在实现"两个一百年"奋斗目标、实现中华民族伟大复兴中国梦的新长征中,努力推进党的建设新的伟大工程,就是在新的历史条件下完善党的领导、永葆党的先进性和纯洁性的治本之举。

## 严明的纪律是从严治党的根本要求

中国共产党是靠革命理想和铁的纪律组织起来的马克思主义政党,纪律严明是党的光荣传统和独特优势。

长征取得胜利,与中国共产党重视纪律建设密不可分。

毛泽东曾说:"这个军队之所以有力量,是因为所有参加这个军队的人,都具有自觉的纪律。"

什么是自觉的纪律?

在长征途中,红军不拿群众一针一线、一瓢一碗,实在买不到粮食,摘梨子时也要求写明数量,按价把应交的钱捆在树枝上;红军到达贵州茅台镇,无论首长还是战士去买酒,都按时价给钱,没有一丝一毫特殊……

类似的故事不胜枚举。

一个个看似普通的小故事背后,是中国共产党以铁的纪律从严治党的自觉和决心。

在红军时代就形成并不断完善的"三大纪律八项注意",1947年更以命令形式固定下来。人民军队铁的纪律条条款款定在实处,落在老百姓的心坎上。

"所到之处,秋毫无犯",红军依靠严明的纪律形成的战斗力和凝聚力,走过了万水千山。

习近平指出,伟大长征精神,就是顾全大局、严守纪律、紧密团结的精神。

严明的纪律、优良的作风,是新时期全面从严治党的根本要求。十八大后出台的一系列规章制度,就是新时期覆盖全党的"三大纪律八项注意"。

## 从严治党必须坚持纪严于法、纪在法前

"全面从严治党,核心是加强党的领导,基础在全面,关键在严,要害在治。把纪律建设摆在更加突出位置,坚持纪严于法、纪在法前,健全完善制度,深入开

展纪律教育,狠抓执纪监督,养成纪律自觉,用纪律管住全体党员。"习近平这段话明确要求,始终要把纪律和规矩挺在法律前面。

80年前红军依靠坚定的理想信念和严明纪律,取得了长征的伟大胜利。80年后的今天,时代变了,条件变了,但党的理想和事业没有变,党的守规矩、讲纪律优良传统没有变,也不能变。

"纪律不严,从严治党就无从谈起。"党的十八大以来,习近平以坚定的决心和超强的力度实践着"打铁还需自身硬"。

从转作风直击积弊、扶正祛邪,到反腐败打虎拍蝇、抓铁有痕,再到严纪律从严治吏、抓关键少数,从严治党的一系列部署在党的建设各个领域全面展开。

习近平指出,"民族复兴梦想越接近,改革开放任务越繁重,越要加强党的建设"。必须要把纪律和规矩挺在前面,用纪律管住全党,使纪律和规矩成为管党治党的尺子、不可逾越的底线。

正在热播的电视专题片《永远在路上》震撼亮相,揭示一个个落马"老虎""苍蝇"的贪腐细节。这些腐败案例一再印证：破国法者，无不从破党纪开始，一旦跨过了党纪划定的红线，个人和组织都将付出沉痛的代价。

10月24日，党的十八届六中全会召开，全面从严治党继续发力，全会将制定新形势下党内政治生活若干准则，修订《中国共产党党内监督条例（试行）》，进一步完善党的纪律。

可以预期，这两个文件，将进一步严格规范党内政治生活，确保党的组织生活规范化、制度化、常态化；将把党内监督细化到条条款款，用监督保证执纪，为纪律这把"铁尺"加钢淬火。

（新华网记者　黄玥）

2016年10月25日

# 理解"不忘初心、继续前进"要读懂三段话

**李君如访谈摘要**

在庆祝中国共产党成立95周年大会上,习近平总书记发表重要讲话。中央党校原副校长李君如走进《新华访谈》栏目演播间,第一时间为您解读总书记讲话精神。

**主持人**:习总书记的讲话中贯穿着"不忘初心、继续前进"这句话,有何纲领性的指导意义呢?

**李君如**:习近平总书记在讲八个字之前讲了三段很深刻的话。一段话是,今天纪念我们党95周年的辉煌历史,不是为了从成功中寻求慰藉,更不是为了躺在功劳簿上,为回避今天面临的困难和问题寻找借口,而是为了总结历史经验、把握历史规律,增强开拓前进的勇气和力量。从历史中往前走,这是"不忘初心、继续前进"的重要前提。这是从历史讲的。

第二段话是党的十八大已经明确了坚持和发展中国特色社会主义是一项长期而艰巨的历史任务,必须准备进行具有新的历史特点的伟大斗争,我们可能会遇到许多困难和风险。有了这个前提,我们就有了忧患意识,有了斗争精神,有了攻坚克难的决心和意志。在这个基础上提出"不忘初心、继续前进",是从现在出发的。这是从现实讲的。

最后,习总书记说了一段非常深刻的话,历史总是要前进的,历史从不等待一切犹豫者、观望者、懈怠者、软弱者,只有与历史同步伐、与时代共命运的人才能赢得光明的未来。这是从未来讲的。

这三段话从历史、现实、未来汇总起来就是"不忘初心、继续前进"。所以理解这八个字的时候首先要把这三段话读懂了。

## 李君如：八个方面要求有内在逻辑顺序

**主持人：** 习总书记提八个方面要求，这是按照什么逻辑顺序提出的？

**李君如：** 这八个方面贯穿了在历史性的考试中不忘初心，在历史性的考试中继续前进。

怎么才能在历史性考试中不忘初心？一是要坚持党的指导思想。建立党是为了什么？党奋斗了95年干了什么？就是以马克思主义理论为指导来解决中华民族伟大复兴的问题，以马克思主义理论为指导使国家富强起来，富裕人民的生活。坚持党的指导思想是永远不能忘记的。二是理想信念，习近平总书记把理想信念突出出来，不忘初心就是不忘理想信念。

八个方面，第一个讲指导思想、第二个讲理想信念,这两者是相互联系的,都属于不忘初心的两个基本点。不忘初心是为了保持我们继续前进的方向。

第三个就是"四个自信",这既是前面的汇总,又是后面的根本保证,是承上启下的重要方面。

第四个"不忘初心、继续前进",是我们今天要做的五项重大的任务,五位一体的总体布局和四个全面的战略布局。"五位"就是经济、政治、文化、社会、生态文明,"五位一体"推进中国特色社会主义事业发展,全面建成小康社会等四个全面战略布局协调推进。

第五个"不忘初心、继续前进"是讲改革。三个"解放",进一步解放思想、解放和发展社会生产力、解放和增强社会活力,这是我们当前最艰巨的任务。攻险滩、啃硬骨头的改革已经到来了,我们把这一仗打赢了,我们的事业就大发展了。

第六个"不忘初心、继续前进",就是我们怎么样更好地把全部工作的立足点建立在为人民服务的基础上。怎么维护人民的权益,给人民带来幸福的生活是我们今天非常重要的任务。

第七个"不忘初心、继续前进",即和平发展道路,这是我们改革开放以来探索出来的,中国巍然屹立世界民族之林,同时绝不走强大后就称霸世界甚至要发动战争来称霸世界的道路。我们讲和平发展道路并不是软弱,我们讲和平发展道路正是我们自信和强大的表现。

最后一个"不忘初心、继续前进"是一个关键问题、核心问题,那就是党的领导和党的建设。办好中国的事情关键在党,关键在党首先要坚持党的领导。习总书记讲了,坚持和完善党的领导是党和国家的根本所在,命脉所在,是全国各族人民的利益所在、幸福所在。这条一定要切记切记。

党领导革命时就把党的建设作为"三大法宝"之一,现代化建设和改革开放中依然是一个法宝。十八大以来,我们遵循治国必先治党,治党务必从严的要求,全面从严治党,取得了令人瞩目的成绩。原来好多人对党担心,现在对党放心,因为我们党不隐瞒自己身上存在的不足,"老虎"、"苍蝇"一起打,要真管真严、敢管敢严、长管长严。

## 篇二

中央政治局第33次集体学习时提出了，严肃党内政治生活，净化党内政治生态的问题。在今天的条件下，党长期执政，受到权力的诱惑；党要发展市场经济，搞改革，一些党员干部又受到利益的诱惑；我们对外开放，受到来自国外的腐朽思想和生活方式的诱惑。这些诱惑都是对我们党严峻的考验，如果不正视它，不积极应对它，不找到有效的办法去经受考验，就会导致习总书记今天讲的"丧失手上的权力"。

党的政治生态的问题牵涉到党风问题，也牵涉到干部的家风问题、社会风气问题。十八大以来从严治党一个非常重要的经验就是从高层抓起，从中央政治局抓起，从高级干部抓起，以上率下，持之以恒地加强作风建设，发扬党的优良传统。

习近平讲话中也很明确地把腐败提到"最大威胁"的程度上，是总结了我们党95年的历史，尤其改革开放以来的历史，得出的一个非常深刻的结论。

八方面要求，前两项更主要提的是"不忘初心"，后五项更重要体现在"继续前进"，中间第三项是承上启下的四个自信，既是不忘初心的根本，也是继续前进

的根本。八个字很凝练,但内涵很丰富,思想很深刻,尤其体现了中央对人民负责的忧患意识,对人民尽责的责任意识,所以值得我们好好学习、深刻领会。

## 李君如:"考试精神"体现忧患意识、责任意识

**主持人:** 讲话中再次提到"进京赶考",这说明了什么?

**李君如:** 那就是考试精神,通篇讲话最后归到了考试精神。总书记讲到,1949年党中央从西柏坡动身前往北京时,毛泽东同志说:"今天是进京赶考的日子。"历史证明我们在考试中取得了优异成绩,同时这场考试还没有结束,还在继续。取得的优异成绩就是前面讲话中提到的三个历史贡献,然而这个考试还没有结束,那就需要不忘初心、继续前进。总书记说,今天,我们党团结带领人民所做的一切工作,就是这场考试的继续。习近平同志在十八大后重上西柏坡,提出赶考远未结束,今天他又讲,今天所做的一切都是赶考的继续,我

们继续在这场历史性考试中经受考验,努力向历史、向人民交出新的更加优异的答卷。从这段讲话中我们既可以体会到忧患意识,又可以体会到责任意识,更可以体会到党在历史性考试中不忘初心、不迷失方向。这篇讲话不仅仅是对95年党的历史的纪念,更重要的是催人奋进,鞭策我们在这场考试中能够取得人民满意、历史满意的好成绩。

**主持人**:要在这场考试中得到一个好的分数,该怎么做呢?

**李君如**:每一个共产党员、每一个党的干部,都要学习近平总书记的重要讲话。第一,应该增强党性,以一个共产党员的身份,以共产党员的责任去完成党员肩负的使命;第二,所有党员、所有党的干部应该勤奋学习,要通过学习赶上今天这个时代,要通过学习来认识自己的使命,要通过学习增强本领和能力;第三,所有党员、所有干部要更好地树立起人民主体的思想,像习近平总书记那样的心中始终把人民放在第一位,

## 篇二

做什么事都是为了人民，我们要为人民贡献我们的一切，同样要为人民能够改正我们存在的毛病，来解决我们本领不足、本领恐慌问题，尤其是为了人民可以毫不犹豫地解决腐败问题。党性、学习、人民，这是今天的共产党员和党的干部在历史性考试当中时时刻刻不能忘记的。

习近平总书记最后讲到了对青年的希望，青年是人民中代表未来的群体。那么，青年对我们党的认同如何？青年对我们党的路线方针政策认识如何？青年对我们党的成就和困难有没有正确的判断？这些都关系到我们的未来。毛主席在延安文艺座谈会上提了一个很重要的概念，就是随着时代的发展，事业的推进，不断面对新的群众，面对新的群众的时代。现代的青年人，特别是80后、90后的青年人，既没有经历过战争年代，也没有经历过新中国成立以后为了建设社会主义艰苦奋斗的考验，也没有经历过改革开放之初解放思想、拨乱反正、推动改革车轮滚滚向前发展的考验，因为他们是改革开放以后成长起来的。但是这些青年，我们的新的群众，他们有许多自己的优点和特点，他们朝气蓬勃，他

们有很好的文化素养,他们又有自我的意识和奋斗的精神,他们还有创新意识。所以,习近平总书记今天讲话中用了李大钊的一段话,"为世界进文明,为人类造幸福,以青春之我,创建青春之家庭,青春之国家,青春之民族,青春之人类,青春之地球,青春之宇宙,资以乐其无涯之生"。他用李大钊的话勉励青年,更重要的是党员干部要更好地关心青年、关注青年、关爱青年,要理解80后、90后,希望他们能够更好地了解党所走过的路,更好地了解党在95年来所积累的经验,也包括对我们党95年所走过弯路的教训有很好的了解,承诺能够实现我们党今天提出的使命。仔细算算就知道,现在的青年就是2050年实现社会主义现代化的骨干力量、主力军,所以习近平同志对青年讲那么语重心长的话,我们要认真反复思量对待。这就是我们讲要有党性,要有人民的主体意识,还有青年的意识,新的群众的概念,要把它树立起来。

## 李君如：总书记为何浓墨重彩提党的三大历史贡献

**主持人**：习总书记浓墨重彩地讲了党的三大历史贡献，释放了什么信号？

**李君如**：三大历史贡献体现在这三个伟大飞跃中，三个伟大飞跃是属于我们国家、我们人民，我们民族。从这样的高度肯定中国共产党95年所做过的一切，所采取的一些方针政策、战略战术，非常深刻。

历史是最好的教科书，是最好的营养剂，也是最好的清醒剂。通过历史学习可以知道我们党是怎么走过来的；通过历史学习可以知道我们党有哪些基本经验；通过历史学习可以知道我们经历了哪些苦难，有哪些教训。教科书、营养剂、清醒剂都是习近平总书记讲过

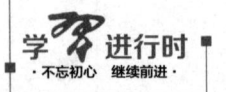

的，在这次95周年讲话中充分体现出来了。

在这次讲话中，贯穿始终的八个字是"不忘初心、继续前进"，这是整篇讲话给人留下的最深刻印象。这八个字可以归成两句话：一句话是在历史性考试中不忘初心；另一句话是在历史性考试中继续前进。

通过回忆毛主席离开西柏坡以后关于"进京赶考"的话，说明现在我们所做的全部事情都是这样的历史性考试。因为把八个字和历史性考试贯通起来，就是我们在考试中不能忘记初心，要在考试中继续前进。

篇二

## 李君如：以95年历史经验作为宝贵财富去迎接新挑战

**主持人**：习近平总书记为什么强调三个必须长期坚持和三个永不动摇？

**李君如**：总书记从我党95年的历史经验中提炼出三大启示：一是理论指导和党的领导是取得辉煌成就的根本原因；二是95年的历史是苦难和辉煌的历史，是用鲜血、汗水、泪水写就的，充满了苦难和辉煌，曲折和胜利、付出和收获。今天所取得的成绩不是哪个人恩赐给你的，也不是从天上掉下来的。任何时候都不能够把奋斗的成果白白地浪费掉，要千百万倍地珍惜它；三是要永不动摇我们的事业、道路和战略，党领导的中华民族伟大复兴事业是正确的，所选择的中国特色社会主义道

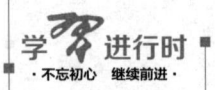

路是正确的,所制定的国家发展战略是正确的。

这个总结高度凝练,非常深刻,每一个启示都可以写成一篇大文章,不仅可以教育当代人,也可以教育后代。怎么才能使我们党奋斗的经验成为最宝贵的财富,尤其是在今天,在改革发展遇到一些困难时,尤其要以95年的历史所提供的经验作为宝贵财富,去迎接面临的新挑战,去创造新的成就。

对共产党来说,有困难、有挑战并不可怕,可怕的是没信心。信心在哪里呢?信心就建立在95年历史经验的基础上,共产党是在迎接挑战中前进的,是在克服困难中发展事业的。这些基本的道理要常讲常新、常新常讲,然后转化为攻坚克难的精神动力。

**2016年7月1日**

# 什么是中国共产党人的"初心"?

**谢春涛访谈摘要**

习近平总书记在7月1日庆祝中国共产党成立95周年大会上的重要讲话发表之后,"不忘初心、继续前进"八个字成为讨论热词。"不忘初心"的"初心"指的是什么?怎么才能在这场历史性考试中不忘初心?中共中央党校党史教研部主任谢春涛教授做客《新华访谈》,为我们解读。

**主持人:** 您认为习近平总书记讲"不忘初心"的"初心"指的是什么?围绕着"不忘初心、继续前进",总书记提出了八个方面的要求,这八个方面的要求之间的内在联系是什么?

**谢春涛:** 总书记在讲话中说得很清楚。他说,"我们党已经走过了95年的历程,但我们要永远保持建党时中国共产党人的奋斗精神,永远保持对人民的赤子之心。一切向前走,都不能忘记走过的路;走得再远、走到再光辉的未来,也不能忘记走过的过去,不能忘记为什么出发。面向未来,面对挑战,全党同志一定要不忘初心、继续前进。"我想,这段话讲得很明白了,"初心"就是中国共产党人自建党之初就树立的奋斗精神和赤子之心。

我们党一成立就肩负起实现中华民族伟大复兴的重任。在此之前,很多先进的中国人也为国家独立、民族振兴做出了努力,付出了牺牲,但没能实现。这个责任落在共产党人身上,完成民主革命,实现国家独立,最终实现共产主义。虽然共产主义离今天还很远,但这个目标始终没有放弃。所以我想,"不忘初心"简单地说就是不要忘记我们党的理想、信念、宗旨,不要忘记我们这个党是要干什么的,我们过去怎么干的。"不忘初心"放在前面,是对历史的总结,中国共产党为什么能走过95年?为什么能作出三个伟大历史贡献?为什么能赢得人民拥护支持?我想就是因为我们的初心始终没

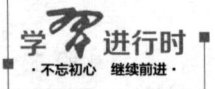

忘记，今后也不能忘记。 回顾历史，不是为了从成功中寻求慰藉，更不是为了躺在功劳簿上、为逃避困难找借口，而是为了总结历史经验、把握历史规律，增强开拓前进的勇气和力量。所以，总书记今天强调"不忘初心"，是为了后面那四个字"继续前进"。怎样前进？后面就从八个方面来提出具体要求了。

篇二

# 谢春涛："七一讲话"体现执政党自豪、自信、清醒、坚定

**主持人：** 谢教授，您认为这次讲话有哪些突出亮点和新意？

**谢春涛：** 我听了讲话后有四个方面的突出印象，每个方面都可以用八个字概括。

第一是自豪。总书记在讲话中回顾了历程，把中国共产党放在中国近代历史大背景下，阐述了这个党为中华民族作出的三个伟大历史贡献，这其中透出作为一个中国共产党人的自豪感。一个党在95年历程中为国家民族作出这样的贡献，对中国和世界产生这么大的影响，绝对值得自豪。

第二是自信。总书记的讲话通篇体现了高度自信。这个自信有对信仰选择的自信，有对理想选择的自信，有对信念选择的自信，有对中国共产党执政成就的自信，还有对目前基本路线方针政策的自信。总书记这次讲话中再次提出了"四个自信"，在过去讲的道路自信、理论自信、制度自信之外加上了文化自信。

第三是清醒。讲话中体现了问题意识、问题导向，毫不避讳可能面临的风险、困难、问题。尤其引人注目的是，总书记提到四个重大，即时刻准备应对重大挑战、抵御重大风险、克服重大阻力、解决重大矛盾。我觉得这四个重大是特别值得我们关注的。

第四是坚定，用了八个方面来具体阐述"不忘初心"，表现了坚定的信心信念。这篇讲话不只是讲给人民群众听的，更是讲给全党听的，对全党党员，对全党干部提出了明确要求。

## 谢春涛：三个飞跃将党的历史贡献概括得更清楚

**主持人**：您认为习总书记这么浓墨重彩地提三大历史贡献，寓意何在？

**谢春涛**：第一，这次他是在大历史背景下讲中国共产党的贡献。在中国共产党成立之前，我们积贫积弱，被列强欺辱，中国共产党就是在这个背景下成立的，它的任务和使命很清楚。

第二，总书记不仅概括了三个伟大历史贡献，而且讲出了贡献的意义。他分别讲了三个伟大飞跃。第一个是实现中国从几千年封建专制政治向人民民主的伟大飞跃，这个概括是全新的；第二个是实现中华民族由不断衰落到根本扭转命运、持续走向繁荣富强的伟大飞跃，这个概括也是新的；第三个伟大飞跃是中国赶上了时代，实现了中华民族从站起来到富起来、强起来的伟大飞跃。这个概括使我们对三个伟大历史贡献的价值、意义、作用看得更清楚。

第三，他在总结了三个伟大历史贡献及其意义之后，特别讲了三个方面的结论。

第一个历史结论是没有先进理论的指导，没有用先进理论武装起来的先进政党的领导，就不可能打败压在人民头上的各种反动派，中华民族就无法改变被压迫、被奴役的命运，我们国家就无法团结统一，在社会主义道路上走向繁荣富强，这讲明白了党的领导的极端重要性。显然伟大历史贡献都是党领导人民取得的，而我们的党又是先进理论指导的。

第二个历史结论是中国人民和中华民族走过的历程是中国共产党和中国人民用历史和血汗写就的，95年走得实在不容易，面对无数挑战、风险、困难，付出了巨大的牺牲，现在统计出来在革命时期牺牲的有名有姓的烈士370多万人，这都是中国共产党人。可以说中国共产党人为国家民族付出了最大的牺牲。没有牺牲，这些伟大贡献不可能取得。当然，人民也做出了牺牲，党领导人民走过了95年不寻常的历程。

第三个历史结论告诉我们，历史和人民选择中国共产党领导中华民族伟大复兴的事业是正确的，中国共产党领导中国人民开辟的中国特色社会主义道路是正确的，独立自主实现国家发展的战略是正确的，必须长期坚持永不动摇。这个结论是历史的结论，它有深厚的历史内涵。通过学习领会习近平总书记关于三个伟大历史贡献及其意义的叙述，以及三个方面的结论，我们的认识比过去更清楚、更深刻了。

## 谢春涛：总书记为什么高度重视"文化自信"

**主持人：** 您怎么看待总书记讲话中提到的文化自信？

**谢春涛：** 把文化自信与道路自信、理论自信和制度自信并提，显示了习总书记对文化自信的高度重视。"四个自信"是一个相互联系不可分割的整体，习近平总书记指出文化自信是更基础、更广泛、更深厚的自信，把我们党对文化的功能和作用的认识提升到一个新的水平。十八大以来，习近平总书记在这个问题上表现出了充分的自信。他到国外访问的时候多次和外国人讲了中国的传统文化，虽然没有明确地讲出文化自信的说法，但是意思是很清楚的。回想中华民族为什么经过了屈辱，遭受列强欺凌之后还能有今天的辉煌？我想其中文化是一个重要支撑。优秀文化不屈不挠，外敌再强也不会自甘屈辱。这个精神始终支撑着中华民族，这个精神在今天、今后也是非常重要的。中国近代落后在文化上，封建主义的农耕文明抵御不了西方资本主义的工业文明，所以打败仗，即使买了人家的先进武器还是打不过人家。近代以来先进的中国人意识到了文化的问题，试图从文化方面救亡图存，引进各种思想理论，但在中国共产党之前都没有根本解决。中国共产党把中国古老哲学中的"实事求是"理念发展成党的思想路线，把"先天下之忧而忧，后天下之乐而乐"发展成了全心全意为人民服务的宗旨，将马克思主义普遍真理与中国具体实际紧密结合，包括了与中国文化的结合。

总书记在多次讲话中特别强调理想信念，特别强调补钙，还特别强调践行社会主义价值观，人民有信仰、国家有力量、民族有希望，讲的都是文化问题。所以，"文化自信"讲得非常好。

# 谢春涛：全面从严治党是四个全面战略布局的重中之重

**主持人：** 总书记讲话为什么特别强调从严治党？

**谢春涛：** 十八大以来，习近平总书记对党建重视程度达到了一个新的高度，总书记为什么这么重视党建？一是因为党的建设的极端重要性，他有一句话大家都熟悉："打铁还需自身硬"。我认为，四个全面战略布局中，党建排第四但重要性应该占第一。

二是习近平总书记看清楚了我党建设面临问题的严重性。如果不从严治党，如果不在最短的时间内有明显的改观，可能人民就不拥护我们，失去执政地位不是不可能的。总书记抓党建有紧迫感、有危机意识。所以，在这次纪念大会上又特别强调党的建设的重要性，特别强调要保持党的先进性和纯洁性，着力提高执政能力和领导水平，着力增强抵御风险和拒腐防变能力。总书记特别讲了反腐败问题。他说，我们党作为执政党面临的最大威胁就是腐败。这话讲得非常简明，非常透彻。总书记讲对腐败要零容忍，反腐无禁区、全覆盖。如果刚开始有些人持观望态度，我想现在几乎没有人怀疑了。作家二月河接受中纪委网站采访时说了这样的话：读遍二十四史，历朝历代反腐败没有哪个朝代的力度超过今天。这次总书记在讲话中讲党的作风建设、反腐败等，虽然篇幅不是很长，但是讲得很到位。

**主持人：** 从严治党的主要内容是什么？

**谢春涛：** 一方面是特别强调理想信念宗旨。革命时期的领导人总体上不缺钙，因为他们入党前想明白了为什么入党，入党意味着什么。当年入党意味着奉献和牺牲。但改革开放以来落马的人无一例外的共性问题是理想信念丧失了，起码是淡漠了。当年入党誓言忘记了，脑袋里只剩下权和钱，这些人不出问题才奇怪。

总书记特别强调不忘初心,这四个字语重心长。为什么要不忘初心?初心对党意味着什么?对国家、民族、老百姓意味着什么?我相信党员,尤其是领导干部不应该忘记初心,我相信老百姓也希望党员尤其党的领导干部不忘初心。

另一方面是总书记强调纪律、规矩,就是要把理想信念宗旨变成对党员尤其领导干部进行约束的各种纪律规矩,只要入党就应该严格执行纪律规矩,这些纪律规矩还在不断制定完善中。《中国共产党廉洁自律准则》和《中国共产党纪律处分条例》已经重新修订,《中国共产党问责条例》也审议通过,要求越来越细、越来越严。通过制定纪律规矩、严格执纪,一定会把党管理得越来越好,老百姓的信赖、拥护、支持程度越来越高。所以,总书记讲思想建党和制度治党相结合,这两个方面在他的讲话当中体现得都很充分。

2016年7月4日